U0638726

中小企业
危机管理与自救

陈晓丽 / 著

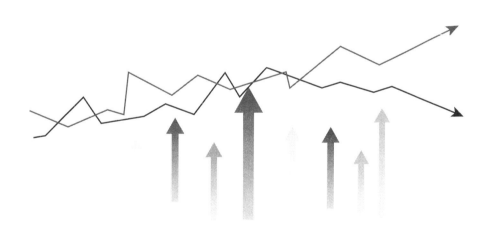

吉林出版集团股份有限公司
全国百佳图书出版单位

图书在版编目（ＣＩＰ）数据

中小企业危机管理与自救 / 陈晓丽著. -- 长春：
吉林出版集团股份有限公司, 2021.7
ISBN 978-7-5731-0055-9

Ⅰ.①中… Ⅱ.①陈… Ⅲ.①中小企业 – 企业管理 –
危机管理 – 研究 Ⅳ.①F276.3

中国版本图书馆CIP数据核字(2021)第146305号

ZHONGXIAOQIYE WEIJI GUANLI YU ZIJIU

中小企业危机管理与自救

著　　者	陈晓丽	
责任编辑	冯　雪	
装帧设计	仙　境	

出　　版	吉林出版集团股份有限公司
发　　行	吉林出版集团社科图书有限公司
地　　址	吉林省长春市南关区福祉大路5788号　邮编：130118
印　　刷	三河市德贤弘印务有限公司
电　　话	0431-81629712（总编办）　0431-81629729（营销中心）
抖 音 号	吉林出版集团社科图书有限公司　37009026326

开　　本	710 mm×1000 mm　1 / 16
印　　张	16.5
字　　数	211千字
插　　图	84幅
版　　次	2022 年 3 月第 1 版
印　　次	2022 年 3 月第 1 次印刷

书　　号	ISBN 978-7-5731-0055-9
定　　价	56.00 元

如有印装质量问题，请与市场营销中心联系调换。0431-81629729

前　言

做强做大，是每一个中小企业经营管理者的梦想和追求。然而，所有的梦想都必须经历现实的考验。

扩大规模期间，资金链断裂，怎么办？

突发投诉事件掀起广泛社会舆论讨伐，该怎样处理？

合作方、代言人负面信息波及企业形象，如何巧妙公关？

因不可抗力因素停工停产，如何应对？

……

中小企业机动灵活，但也因缺乏经验和实力而可能遇到各种危机，如何应对危机、跨越危机，将成为中小企业成败的关键所在。

没有危机意识，是企业最大的危机。本书系统梳理中小企业在发展过程中可能遇到的各种危机，帮你提高企业发展危机意识，从企业发展中洞察危机，防患于未然。

危机，有危险也有机遇。本书教你科学应对企业危机，为你提供科学有效的中小企业危机处理方法与自救措施，帮你安全渡过所面临

的各种经营管理危机、形象危机、外部环境危机等。

有效复盘，打一场漂亮的翻身仗。跟随本书汲取危机教训，反思与提升，助力企业发展，避免重蹈覆辙。

本书关注与立足中小企业的发展，全书逻辑清晰、结构完整、内容丰富，并精心设置"案例引导""危机预警"两个版块，帮你更生动形象地认识中小企业危机。

重视中小企业危机，通过本书为中小企业赋能，助力中小企业乘风破浪、披荆斩棘、扬帆远航！

作者

2021 年 7 月

目　录

第3章　临危不惧：危机处理与自救

第4章　亡羊补牢，为时未晚：积极处理经营管理危机

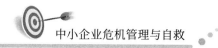

CHAPTER 1

第 1 章

危机：有危险，
也有机遇

当前，信息环境、市场环境瞬息万变，中小企业危机无处不在，经济危机、品牌危机、投诉危机、代言人危机……无论发生哪一种危机，都有可能使很多风险承受能力本来就较弱的中小企业遭受灭顶之灾。

遭遇危机时，企业如果处理得当，便极有可能使情况反转，变危机为转机，为企业创造出更多发展的机会；反之，如果危机处理不及时、不到位，那么可能让企业陷入绝境。

中小企业树立危机意识，科学应对危机，战胜危机，重要而且必要！

1.1　什么是企业危机

1.1.1　危机——企业发展的转折点

　　情人节大概是所有鲜花公司都期待的一个重大节日了，A鲜花公司在某一年的情人节早早就备好了足够的鲜花，做好了迎接即将到来的情人节鲜花订单猛增的准备。

　　在情人节前夕，A鲜花公司通过直播带货平台推出了一款情人节订制鲜花礼盒，吸引了一大批粉丝预定。然而，在情人节当天，收到鲜花礼盒的顾客却纷纷在网上购物平台对该鲜花公司进行投诉，因为送来的鲜花并不是昨天在直播间看到的那样娇艳欲滴，而是打蔫甚至枯萎的花。

　　出现这种情况，不仅消费者感到气愤不已，A鲜花公司更是如遇晴天霹雳——这是他们没有料到的。收到消费者的投诉后，A鲜花公司没有丝毫犹豫，第一时间逐一在网上对投诉的顾客进行回复，向他们表示歉意，表示一定会给他们一个交代。

A鲜花公司再次在网上对消费者致以诚挚的歉意，并公布了对消费者的补偿措施：所有购买到劣质鲜花的顾客，可享受原价两倍的现金赔款。

在安抚消费者后，A鲜花公司马上联系了鲜花供应商，向他们核实这批劣质鲜花的来源，根据合同追究供应商货不对板的法律责任，从源头避免这种情况的再次发生。

A鲜花公司这一系列的行动无疑令广大消费者感受到了该公司满满的诚意与歉意，对其提出的赔偿方式也表示满意。至此，A鲜花公司的危机解除。

"危机"一词，是指潜伏的祸害或危险。由此延伸，企业危机是指那些会对企业和公司产生潜在的负面影响的事件，而这些事件往往是不可预测且威胁度极高的。

当危机出现时，需要企业在极短的时间内做出决定，使危机事件及时得到有效控制，以免酿成重大事故。

在上述案例中，被众多顾客投诉的A鲜花公司就是遇到了典型的企业危机——产品质量问题严重，引起顾客的强烈不满。

在这场危机事件中，如果该公司没有及时对顾客做出回应，任由事态发展，那么后果不堪设想，公司不仅要应对现在这批购买到劣质产品的顾客的指责及责任追究，在如今信息快速流通的网络时代，公司还会被更多消费者贴上"质量差，服务态度差"的标签，相信过不了多久，公司就会因为失去客户而面临倒闭的危险。

值得庆幸的是，A 鲜花公司在这次的危机中反应十分迅速，通过双倍赔偿的诚意，为公司树立了真诚负责、值得信任的良好形象，不仅没有被消费者抛弃，而且挽回了公司的声誉，同时还收获了众多"吃瓜"网友的点赞与支持，为公司赢得了不少潜在客户的好感，这对公司未来的业务发展无疑是有利的。

1.1.2　危机的四大特征

面对企业危机，我们首先要做的就是认识危机，了解其特点，这样才能对症下药，在迎战危机时立于不败之地。企业危机主要表现为突发性、破坏性、紧迫性以及聚焦性这四大特点。

◆ 攻其不备——危机的突发性

企业危机之所以令人谈之色变，很大程度上就是因为它的突发性。

我们都知道，每逢夏季，总会有一些规模较小的制造型企业被曝突发火灾，如果救灾不及时，导致火势难以控制，那么企业基本上就难逃破产的厄运了。

不可否认，世界上大多数事件在发生之前都会有一定的征兆，事实上危机事件也是如此，但是这种征兆的出现往往是一个量变积累的过程，这是人们最容易忽视的。就像夏季遭遇火灾的那些小企业，它们可能一直都存在着设备陈旧、管理不善、灾害预防措施不到位等问题，但是只要没有发生问题，这些潜在的危险便很少被管理者们所重视，这是很多中小企业中存在的通病。

可见，在绝大多数时候，企业危机都是在人们没有准备的情况下发生的，出其不意，攻其不备，在企业措手不及之时给企业造成很大的冲击。

◆ 贻害无穷——危机的破坏性

危机不同于风险，企业危机一旦出现，那么无论其属于何种性质，规模多大，都会给企业内部造成一定的混乱，并会带来不同程度的损害。

总的来说，危机给企业带来的破坏主要包括以下几个方面。

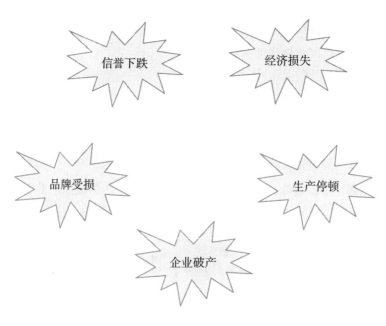

企业危机的破坏性

信誉下跌既包括企业的银行信誉，也包括针对客户或其他合作企业的商业信誉。银行信誉的下跌无疑对企业接下来的资金运转是不利的，而商业信誉的下跌则会对企业的经营管理产生很大的负面影响。

除了信誉，品牌也是企业十分重视的，很多企业都会通过请明星代言、投放广告的方式来打造自己的品牌。由此可想而知，品牌一旦受损，那么对企业的损害同样是巨大的。

经济损失是绝大多数企业出现危机后会遭受的，企业危机导致的经济损失可大可小，如果损失金额较大，那么对企业来说同样也是灭顶之灾。

企业生产停顿一方面可能是由于缺少运营资金，另一方面也可能是由于生产的产品没有市场，无论是哪一种，都会在短时间内对企业的发展造成严重的阻碍作用。

企业破产是企业危机发展到最严重时产生的最严重的后果，这是所有企业都不想看到的结果。

危　机　预　警

不要错把风险当危机

人们很容易将危机与风险混为一谈，认为危机出现时不一定就会带来破坏性，这种想法是错误的。

风险不等于危机，风险指的是在事物发展过程中发生不利事件的可能性，即不利事件不一定会发生。危机指的是在事物发展过程中出现的不可预测的、突发的、能带来一定破坏性的事件，即不利事件已经发生。

危机与风险既有区别，也有联系，风险的存在是危机产生的前提，但并不是所有的风险都会引发危机，如果企业管理者能够在危机发生之前对风险进行有效的评估与管理，那么就可以在很大程度上避免危机的出现。

◆ 一触即发——危机的紧迫性

"兵贵神速"，这个词用在危机处理当中可谓是十分恰当的，这是因为企业危机在爆发之后便会以极快的速度蔓延，如果不能及时控制住，那么危机就会很快恶化成危险，给企业带来更大的破坏。

忽视危机的紧迫性，实际上就无异于忽视危机。例如，有一家餐饮企业曾被网友在微博上爆料卫生状况太差，该企业并没有在第一时间做出道歉或任何解释，而这条微博很快就被众多网友转载和评论，到最后甚至被顶上了热搜，招来网上一片谩骂。企业这时才想制止事态的恶化，在微博官网发出了公开道歉信，结果可想而知，其已经错过了危机处理的最佳时间，给大众留下了行动迟缓、漠视消费者利益的形象，导致事件的恶化。

◆ 众矢之的——危机的聚焦性

危机的聚焦性，指的是危机往往容易引起广泛的关注。

在当下的信息时代，由于信息传播渠道的多样化和传播速度的高速化，即便只是一些不知名的中小企业发生的危机也会成为各种网络媒体传播的资料，使这些危机事件成为公众的聚焦点。

　　危机的这种聚焦性对企业来说其实有利也有弊。从好的方面来看，如果企业能在面临危机时及时、有效地借助媒体和网络舆论的力量来扭转局势，那对企业来说无疑是最好的结果。但如果从坏的角度来想，一旦企业在危机来临时处理不及时或不到位，导致的恶劣影响便会被媒体和舆论大加渲染，这将会给企业造成难以挽回的损失。

1.2　险象环生，危机四伏

在中小企业的运作与经营过程中，难免会遇到各种各样的危机，经营者只有将企业危机的种类与特点一一摸清，才能在企业陷入危机时找准关键问题并对症下药。一般来说，中小企业常见的危机主要包括经营管理危机、企业形象危机和外部环境危机这三大类。

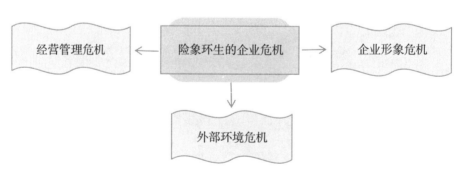

险象环生的企业危机

1.2.1 经营管理危机

　　学习计算机科学与技术专业的 L 先生在毕业后独自创立了一家科技公司, 主营业务为手机游戏 App 开发。

　　L 先生认为, 只要公司开发出了好的产品, 就一定会有好的市场。起初公司发展良好, 但受这种观念影响, 公司越发重视产品研发, 而忽视企业内部管理, 导致许多能力较强的员工纷纷 "跳槽", 使得公司由于缺少顶尖员工、无法持续向市场提供好的游戏 App 而濒临倒闭。

　　在一次 IT 技术研讨会上, L 先生偶然认识了一位发言嘉宾 W 先生, W 先生有着非常丰富的企业管理经验, L 先生因此从 W 先生身上看到了一丝希望, 于是不惜以 80 万年薪聘请 W 先生来自己的公司做副总经理, 并给予其充分的信任, 大肆放权。不出 L 先生所料, 在 W 先生担任公司副总经理以后, 公司开始起死回生, 业绩大幅提升, 规模也得到进一步扩大。

　　然而, 由于 W 先生挽救了公司, 威信较高, L 先生开始担心公司会被 W 先生掌控, 于是 L 先生又开始大幅收权, 并处处牵制 W 先生, 二人之间的矛盾逐渐激化, 公司管理也日益混乱, 好不容易起死回生的科技公司再次陷入危机。

　　半年后, W 先生带着技术部与销售部的两位经理一同向 L 先生提出了辞职申请, L 先生的公司也因人才流失而彻底破产倒闭了。

经营管理危机是企业危机中的一个常见危机，主要包括企业用人危机、产品质量危机、资金短缺危机、企业扩张危机、劳资关系危机等。案例中最终导致 L 先生的科技公司破产倒闭的危机便是企业用人危机。

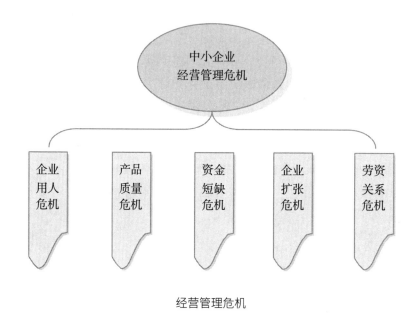

经营管理危机

◆ 企业用人危机

当中小企业步入高速发展的轨道时，单纯依靠企业经营管理者自身所具备的能力往往无法以最低的企业成本实现最高效率的企业运作，此时就需要依靠各部门专业的人才来帮助企业实现高效率经营与运作。

如果企业经营管理者"不擅用人"或聘用了"不善的人（即道德素质极差、企业忠诚度极低的人）"，很容易使企业陷入用人危机，从而严重影响企业的进步与发展。

案例中 L 先生的企业之所以最终走上破产倒闭的绝境，主要是因为 L

先生在用人时没有给予 W 先生以充分的信任，在 W 先生使企业转危为安后，L 先生反而开始担心公司会失控于 W 先生，因此处处掣肘 W 先生，导致二人矛盾逐渐激化，W 先生才被迫带着技术部与销售部的两位经理走上离职的道路。在这场企业用人危机中，L 先生应当负主要责任，正是由于 L 先生的不信任，才导致企业后来出现一系列严重问题，引发企业用人危机。

因此，企业经营管理者若想避免企业陷入用人危机，在聘用人才时除了要注重人才的能力、品德和企业忠诚度之外，还要给予所聘用的人才以充分的信任，只有这样才能上下一心，团结一致，共同应对企业发展过程中的种种挑战。

◆ 产品质量危机

产品质量危机，顾名思义，主要是由于企业产品质量问题而引发的危机。这种危机一方面是由于产品本身质量问题而引发的企业危机，另一方面则是由于企业自检力度较低，使生产过程中有质量瑕疵的产品流向市场，损害消费者利益，而引发的一系列企业危机。

想要避免产品质量危机，企业经营管理者应当在企业日常生产与运作的过程中重视产品的质量，既不偷工减料，更不掺假作假，而是实事求是地生产，严格规范产品质量的企业自检制度，这样才能确保产品质量过关，杜绝企业的产品质量危机隐患。

◆ 资金短缺危机

资金是一个企业运转与经营的必备条件之一，若企业所拥有的资金量不能够维持企业的正常生产与经营，企业经营管理者又不能及时筹措，就容易使企业陷入资金短缺危机。在资金短缺危机中，企业会因没有充足的资金去购进所需的生产资料，而被迫停产、停工，最后陷入恶性循环，严重阻碍长远发展。

经营者若想避免企业陷入资金短缺危机，除了要掌握企业资金的运动规律之外，还应当树立良好的资金管理意识，增强企业固定资产的利用效率，不断提高企业资金的周转速度，从而确保企业时刻拥有充足的运营资金，为企业的正常运作提供一个强有力的保障。

◆ 企业扩张危机

企业扩张危机就是企业由于规模的快速扩张而引发的危机。企业在快速扩张的过程中，往往会伴随很大的扩张风险，如资金风险、管理风险等，随着这些风险的不断累积，企业很容易陷入扩张危机之中。

对于中小企业经营管理者而言，要先认清自己企业的实际情况，不被企业快速增长的业绩和收益冲昏头脑，理性对待企业的扩张问题，避免盲目扩张，在确定企业具备足够的资本与实力后，再制订详细的企业扩张计划，并根据扩张计划逐一实施扩张，从而尽可能地将企业扩张风险降至最低。

警惕企业扩张误区

对于大部分中小企业来说，企业扩张是一把双刃剑，有利也有弊，如果企业不慎陷入扩张误区，则很容易产生扩张危机，很难长远发展。

有些人会认为企业扩张的规模越大越好，但事实并非如此。虽然扩大规模可以帮助企业赢得许多政策上的支持，为企业获取更多的资源与顾客。

但由于规模的扩张，企业进行正常运作的资金流量也会随之变大，企业的管理难度也会逐渐上升，企业对人才的需求量也会不断提高。一旦某个关键环节出现问题，如资金周转不畅、企业配套的管理机制不完善或企业人才流失等，而又无法及时进行处理，就会加大企业的资金风险、管理风险以及用人风险。而随着风险的不断积累，企业陷入扩张危机的概率也会大幅增加，最终导致企业扩张危机爆发，严重影响企业的长远持续发展。

◆ 劳资关系危机

劳资关系危机主要来自劳资双方的关系纠纷，大多是由于企业经营管理者错误的经营思想或不正当的公司管理方式，使得员工利益受到严重损害，从而引起员工的反抗，使企业陷入危机。劳资关系危机会影响

企业声誉，破坏企业和员工间的和谐关系，十分不利于企业的长远持续发展。

经营者若想避免企业陷入劳资关系危机，最重要的便是树立正确的企业经营思想，不断改进公司的经营管理方式，为员工营造一个积极向上的工作环境，并按时为员工发放各项应有的福利，同时鼓励员工建立维权工会，以确保企业员工的利益不受损害，使员工真正感受到企业的雇佣诚意，并愿意为企业的发展积极贡献自己的力量，进而将劳资关系危机的发生率降至最低。

1.2.2　企业形象危机

　　N公司的售后服务中心近期总是会接到投诉电话，电话中反映的大部分问题都与该公司所生产的一款电热水壶相关，如该款电热水壶烧水时间过长、无法达到水开的沸点以及烧好的水异味较大等，并要求公司同意全款退货。但N公司的售后服务经理否认这是电热水壶本身的质量问题，而是认为顾客自己使用不当造成的，并以此为由强势地拒绝了顾客的全款退货请求。

　　A女士在N公司购买的热水壶也出现了同样的问题，在多次投诉无果后，A女士开始在某社交平台上抱怨N公司生产的电热水壶有质量问题且售后服务态度恶劣，呼吁广大网友为了自己的生命健康，不要再购买N公司生产的厨房用品。

　　A女士的帖子发出后，遇到类似问题的顾客们大量转发，顾客们纷纷在该社交平台上诉说自己的不公遭遇。N 公司的高层领导在得知此事后，第一时间在该平台上用官方账号否认自己公司生产的电热水壶有质量问题，更否认自己公司存在态度恶劣的售后服务人员，并说 A 女士的言论是在造谣。双方各执一词，帖子也被各营销号大量转发，将 N 公司推向了风口浪尖。

A 女士在看到 N 公司的官方回复内容后，忍无可忍地附上了大量电热水壶烧水时的照片与视频，还将其与 N 公司售后服务人员通话的录音音频曝光到了网上，这一次，N 公司的口碑与形象瞬间一落千丈，网友纷纷站在顾客 A 女士的立场，对 N 公司口诛笔伐。此时 N 公司才开始在该平台上向 A 女士郑重道歉，以期挽回自己的企业形象，但为时已晚，最终 N 公司依然因此失去了宝贵的厨房电器消费市场。

企业形象危机主要包括顾客投诉危机、明星代言危机、网络舆情危机以及知识产权危机等，案例中 N 企业所陷入的危机便是企业形象危机中的顾客投诉危机。

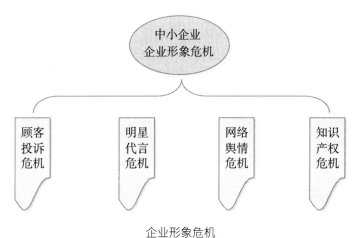

企业形象危机

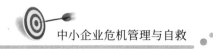

◆ 顾客投诉危机

顾客投诉危机是企业形象危机中的一种重要危机，它是由于顾客投诉事件而引发的企业危机。

在上述案例中，早在 A 女士之前，N 公司就多次收到关于电热水壶的投诉事件，但公司的售后经理并没有正确对待顾客的投诉问题，更没有用一个良好的态度去解决顾客的投诉需求。A 女士作为 N 公司投诉顾客中的一员，在多次投诉无果后，才开始在网络上发表相关的抱怨言论，并呼吁广大网友不要再购买 N 公司的厨房用品。

互联网的普及使得舆论发酵速度不断加快，也使得企业危机的升级过程更加迅速。案例中 N 公司官方的虚假回复使得顾客投诉事件不断发酵升级，更是将 N 公司推向了风口浪尖，A 女士的一系列证据曝光，瞬间使得 N 公司身败名裂。原本全额退款便能解决的问题，却因为 N 公司对待顾客投诉事件的错误态度和错误处理方式，导致顾客投诉事件被曝光于社会公众的视野之下，并最终使企业陷入了严重的顾客投诉危机。

由此可见，企业若想避免陷入顾客投诉危机，最重要的便是要意识到由顾客投诉而引起的企业危机的严重性，并严肃处理顾客对企业产品或售后服务的投诉事件，尽可能在舆论发酵之前有效化解危机。

此外，企业在接到顾客投诉时，企业的售后服务人员要尽可能地站在顾客的角度思考问题，耐心听取顾客的投诉意见，万万不可冷漠处之或用一个不屑的态度倾听顾客的投诉，以免激化顾客与企业之间的矛盾，引发企业危机。

◆ 明星代言危机

企业在进行产品推广与宣传时，往往会选用具有一定知名度的明星做产品代言或产品形象大使等，但选用明星为产品代言有利也有弊，企业若能选好产品代言人，不仅能帮助企业提高产品的知名度与曝光率，还能在很大程度上帮助企业打开消费市场，增加产品的市场销量。

但是，如果企业不慎选错了明星代言人，在代言人出现问题时，其所代言的企业产品难免会受到牵连，企业也有可能因此陷入明星代言危机。

企业经营管理者若想降低明星代言风险，避免企业在发展过程中陷入明星代言危机，最重要的就是要明确这样一个观念，即"明星代言在给企业产品的营销与推广带来品牌效应的同时，也有可能给企业带来难以预测的危机与灾难"。

因此，企业经营管理者在选择明星代言时，不仅要慎之又慎，更要有原则地选择自己的企业产品代言人，一旦品牌代言人出现问题，企业要第一时间出面化解危机，并及时采取合理、有效的补救措施，如在特定情况下与产品的代言明星解约等，以此来将企业的损失降至最低。

◆ 网络舆情危机

"网络舆情"是"网络舆论情况"的简称，网络舆情是由于各种事件的刺激而产生、通过网络迅速传播的言论和观点，它以网络为载体，集合了人们对于该事件的所有认知、态度、情感与行为倾向。网络舆情具有较强的集中性与民众参与性，即"一段时间内由众多网民就同一事件或话题进行大量而集中的反馈与评论"。网络舆情危机就是指在网络舆情特点的影响下，企业短时间内负面事件曝光度大幅增加，并成为公众集中关注与讨论的话题。若企业此时未能有效处理负面事件，不仅会影响企业形象，更会失去公众信任，最后陷入网络舆情危机，影响企业的正常运作和长远发展。

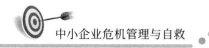

◆ 知识产权危机

知识产权危机主要是指由企业知识产权纠纷而引发的企业危机。这类危机的产生因素涉及内部与外部两个方面。企业内部知识产权危机主要是指由于内部知识产权管理不善而引发的危机，如由企业知识产权被泄露或被撤销、被丑化等事件所引发的企业危机。企业外部知识产权危机主要是指由他人主动挑起的知识产权争端而引发的企业危机，如他人通过诉讼企业存在知识产权侵权行为等方式借助司法强制力对企业进行发难，所引发的企业知识产权危机。不管是企业内部知识产权危机还是企业外部知识产权危机，都会影响企业的整体形象，不利于企业长远健康的发展。

1.2.3 外部环境危机

外部环境危机是企业的一个大类危机，它主要包括财务危机、竞争危机以及自然灾害危机等。

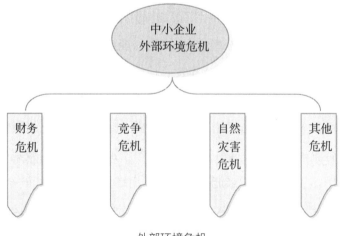

外部环境危机

◆ 财务危机

在当前变化多端的市场经济条件下，许多中小企业在经营与发展过程中面临的财务危机，正是一种全局性、根本性且常伴企业左右的危机类型。一般说来，财务危机主要是由企业经营中产生的财务风险而引起的。

所谓财务危机，就是指企业由于财务结构不合理或融资不当，使其无法拥有持续偿债的能力而导致投资者预期收益下降的风险。这种财务危机在企业的经营中往往是客观存在的，企业经营管理者可以采取一些积极有效的措施来降低财务危机，却无法完全消除该风险。

危 机 预 警

引发企业财务危机的投资误区

企业在日常经营过程中，难免会存在一些引发财务危机的投资误区，如将企业营运资金大量用于固定资产的投资。这种投资方式虽然可以获得相对丰厚的利润积累，但是一旦所投资的固定资产受损或遭遇世界性的经济危机，那么企业便会由于营运资金周转紧张而陷入毁灭性的财务危机。

此外，在进行分散投资时，如果企业没有把握好投资尺度，也容易陷入投资误区，引发企业财务危机。分散投资的方式虽然可以帮助企业避免由于投资产品单一而产生的经营风险，但若企业经营管理者没有把握好分散投资的尺度，使投资过度分散，也容易使得企业原来所经营的项目出现资金周转困难的问题，若此时新投资的项目不能马上形成规模，便难以形成竞争优势，最终导致企业陷入财务危机。

◆ 竞争危机

竞争危机主要是指企业在人才、技术、信息、资金、市场等方面与其他企业的竞争所引发的危机。

在现代的市场经济下，企业之间的竞争可以促进社会资源实现更加合理有效的配置，也可以使相互竞争的企业提高自己的技术与管理水平，从而实现企业的发展壮大。

但是，企业之间的竞争也会给企业带来竞争危机，对于中小企业而言，企业之间的竞争特别是恶性竞争，如恶意降价等，更会影响中小企业的正常运作和长远发展，严重的甚至可能会导致企业亏损上升或破产倒闭。

◆ 自然灾害危机

自然灾害危机是企业外部环境危机之一，它主要是指由于受到自然灾害，如地震、海啸、洪水等的影响，给中小企业造成较大损失而引发的企业危机。

这类危机具有紧迫性、突发性较强的特点，但如果企业能够事先制定好自然灾害危机应对预案，一旦危机爆发，立即启动与实施相关的危机应急预案，也有机会减小自然灾害危机给企业造成的损失，帮助企业迅速摆脱自然灾害危机的影响，早日步入发展的正轨。

1.3　把握危机的生命周期

从辩证唯物主义角度来看，整个世界都是过程的集合体，企业危机也不例外，它也有一个过程，存在属于自己的生命周期。

关于企业生命周期的几个阶段历来众说纷纭，这里根据企业危机生命周期的实际特点，将危机的生命周期划分为潜伏期、信号期、爆发期及平息期四个阶段。

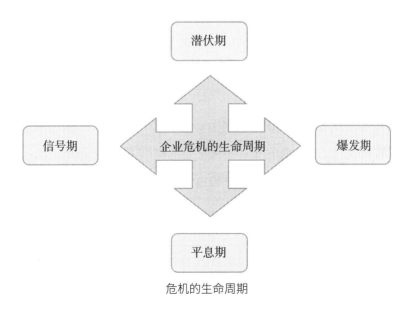

危机的生命周期

1.3.1 危机潜伏期

危机潜伏期是企业最不易察觉的一个阶段，在这一时期，企业通常处于正常运作状态，存在许多看不到、摸不着的危机因子，这些危机因子隐藏性较强，危害性也相对较小，但它们正随着企业的运作而不断潜伏成长着，具有不断变大变强的可能性。

一般来说，危机潜伏期是企业经营管理者进行企业危机管理最理想的阶段，如果企业经营管理者能在危机潜伏期极为敏锐地察觉或发现这些危机因子，并及时采取危机管理措施，就可以将这些危机因子的威胁降至最小，甚至可以在企业危机爆发前就能将其及时处理掉。但很少有企业经营管理者在危机潜伏期就能敏锐地察觉到危机因子的存在，更别提制定应对这些危机因子的详细计划与危机管理措施了。

由于企业经营环境具有复杂性的特点，没有哪个企业经营管理者敢绝对保证自己一定不会让企业经营"出错"，如果不想让危机阻碍企业的生存与长远发展，企业经营管理者就必须要意识到建立企业危机因子识别机制的重要性，并根据企业运作的实际情况，建立最适用自己企业的危机因子识别机制，这样才能在企业正常运作的过程中敏锐地发现企业的危机因子，并对症下药，及早根除。

常见的企业危机因子识别机制主要包括两个方面，一是建立企业各部门的自查机构，二是经常在企业中做关于危机因子的分析报告，以此来提高企业各部门的危机意识，及时准确地消除可能给企业造成不利影响的危机因子。

1.3.2 危机信号期

W先生是某企业的在职员工，在一次生产线操作中，W先生在操作动作完全正确的情况下，中指突然被夹进离心机刮刀与筛网之间，流血不止，疼痛难忍，在送往医院救治后，W先生得到了粉碎性骨折的确诊结果。

网友爆料说此次机械伤害事故是该企业机器年久失修所致，企业该对W先生负全部责任，企业却态度坚决地说只是一次意外，并非因企业机器年久失修所致，双方各执一词，互不相让。

在广大网友的关注下，有网友扒出了在三个月前，就有该企业职工曾在网络中匿名发表过关于企业机器运转失修的抱怨性言论，如"离心机的刮刀和筛网之间的缝隙越来越小，向领导提出检修机器的建议很多次了却依然被冷漠对待，不仅如此，领导还要求我们继续使用这种运转失修的机器，若长此以往，迟早会出事"。于是，该企业再次被舆论推到风口浪尖，并遭到了广大网友的强烈声讨，企业也因此再次陷入巨大的危机之中。

最后，该企业不仅受到相关部门的严重惩罚，企业名誉也因此扫地，企业原来的老员工纷纷离职，也再无新员工前来应聘，更影响到企业资金的正常周转，企业也因此走向了濒临破产的绝境。

上述案例中的企业本来可以避免危机或将此次事故风险降至最低，甚至可以避免出现职工手指被夹进机器的严重问题，但正因为企业错过了机械伤害事故爆发的危机信号期，才使企业发生严重的机器伤害事故，更因为企业在事故发生后没有第一时间对网友的爆料做出真诚回应，又错失了企业舆论危机爆发的信号期，最终才导致企业再次陷入巨大的舆论危机。

实际上，企业危机所具有的突发性与紧迫性特点并不是与生俱来的，危机的真正爆发过程是一个从量变到质变的过程。

危机信号期是危机因子的量变积累时期，在企业危机的信号期，危机因子会释放出一些比较易于观察的危机信号。

如果企业经营管理者细心观察，高度重视企业的危机信号期，并根据危机信号的实际情况，制定相应的企业危机应急处理预案，就能在很大程度上降低企业风险，甚至避免企业陷入危机。

上述案例中的企业在事发前就出现离心机的刮刀和筛网之间缝隙越来越小以及运转失修等问题，这便是企业处于机器伤害事故危机信号期的重要表现。在危机爆发后，案例中的企业不仅没有真诚地承担企业责任，挽救企业名誉，还试图通过掩盖事实等错误方式来逃避企业责任，反而再次使企业陷入巨大的舆论危机，最终将企业推向了濒临破产的绝境。

1.3.3　危机爆发期

危机爆发期是危机因子已经从量变累积到质变的一个时期，主要表现出危机的突然爆发、危机发展轨迹不定、危机演化极快等特点。

企业在这个时期主要会面临四大问题：一是企业危机在事态强度上疯狂升级，由过去的不为人知发展到现在的人尽皆知；二是企业危机事件会引发各大媒体的关注，而媒体舆论本身就是一把双刃剑，有利有弊；三是突然爆发的危机事态必然会扰乱企业的正常运作秩序，从而给企业造成一定的经济损失；四是危机事态会对企业的形象与声誉造成影响，若处理不好，甚至可能会导致企业名誉尽毁，进而严重阻碍企业的长远发展。

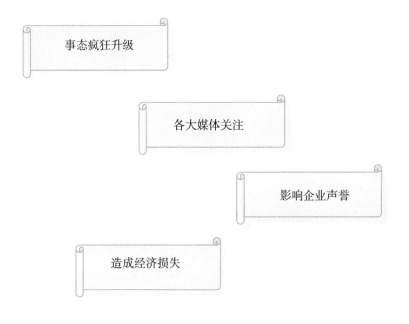

企业危机爆发期的四大问题

企业经营管理者若想将危机事态爆发所带来的风险与损失降至最低，在危机爆发后一定要以最快的速度制定与实施针对此次危机的应急管理预案，并保证一切以人员安全为准则，因为人的生命是最宝贵的，任何一位企业员工的生命都会牵涉到众多方面的关系，若企业忽视了这一条，企业危机便会一波又一波地扩散到无法控制的地步。

在企业危机爆发后，企业高层人士还要尽快亲临危机现场，以此来表明此次危机事态的重要性和企业高层对此次危机事态的重视程度，尽可能平息相关人员的愤怒。

此外，在企业危机爆发期，坏消息会以裂变的方式迅速传播，但所传播的消息准确性并不高，社会各界也充斥着大量的谣言与猜测，企业会成为媒体和公众关注的焦点，此时的企业必须要明确自己的立场，并主动联系新闻媒体，真诚与公众沟通，说明事实真相，促进双方理解，努力消除公众的疑虑和不安，千万不要心存侥幸，欺瞒公众与媒体，否则会使危机事态发展到难以控制的地步，造成企业危机的进一步升级。

1.3.4　危机平息期

危机平息期是企业危机经过妥善处理后所迎来的一个时期，这个时期公众与各类媒体对危机事态的关注度逐渐下降，企业运作也逐渐恢复正常。但不论何种危机，都会给企业经济与名誉造成一定的损失，若企业经营管理者心存侥幸，忽视此次危机爆发的诱因和应对企业危机的相关经验，仍然以旧观念经营管理企业，那么很有可能再次使企业陷入危机。

在危机平息期，企业经营管理者除了要保证企业正常运作之外，还要及时总结相关的经验教训，最好将危机爆发期间企业所采取的应急管理措施进行详细记录与认真评估，分析这些应对措施的优点与不足，并根据评估结果对企业原有的应急管理预案进行改进。

同时，企业经营管理者还要对整个企业的经营战略与运作方式进行重新审视，找出企业中可能存在的危机因子，并对其进行处理，从而避免企业再次陷入危机之中。

危 机 预 警

危机生命周期不为人知的一面

尽管企业危机的生命周期存在潜伏期、信号期、爆发期与平息期这四个阶段，但如果你认为危机一定会根据这四个阶段呈现顺序性发展，那就大错特错了。

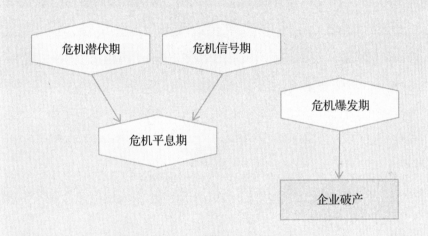

危机生命周期的特殊发展规律

有些危机在爆发前极有可能没有任何征兆或潜伏期极短；有些危机在潜伏期或信号期内便被企业经营管理者敏锐发现，并及时妥善地予以解决，使其无法成长到危机的爆发期；还有一些危机在进入爆发期后并没有得到企业经营管理者的有效解决，反而愈演愈烈，使危机成长到逼迫企业走向濒临破产的绝境，故而也必然不会经历所谓的危机平息期。

知道了企业危机不为人知的一面后，经营者更要在日常的企业经营过程中，留心观察可能存在的危机因子，争取在危机潜伏期或信号期发现其中的问题并及时予以解决，将企业危机扼杀在摇篮里，避免其成长至爆发期，阻碍企业发展。

1.4 没有危机意识，是企业最大的危机

1.4.1 缺少危机意识，终会自食苦果

　　Z先生年轻时成立了属于自己的服装厂，虽然当时服装厂规模不大，服装生产机器不多，但因市场大环境利好以及企业经营管理得当，第一年Z先生就实现了不错的创收和盈利。

　　此后的十余年间，Z先生凭借自己的服装天赋与对服装市场的精准判断，敢想敢干，举债引进国际服装生产线，生产衬衫、西服等服装，并成功打入国际市场，甚至在国际市场环境恶化的条件下依然拿到大量国际订单，盈利颇丰。

　　企业多年的高速发展使Z先生对自己的企业经营战略盲目自信，Z先生的企业危机意识也逐渐减弱，殊不知危机正向Z先生的企业悄然靠近。随着服装厂的效益越来越好，Z先生开始不断扩大服装厂的规模，在未考察当地服装市场的情况下，Z先生就准许企业大规模投资并扩建多个服装分厂。由于其中一些新厂所在地的服装市场近乎饱和，使得分厂所生产的服装不得不在当地以低于生产成本的价格进行销售，因此Z先生服装分厂的销售业绩一直处于亏损状态。

受这些新厂的影响，Z先生的服装总厂也出现了资金周转困难的问题。由于众多新厂的扩建与全面运营耗资较大，在服装新厂建成后又不能迅速回本盈利，这使得总厂原有的服装生产资金无法得到长久持续的供应与保证，Z先生的服装企业也随之陷入了较为严重的财务危机。

上述案例中，Z先生的服装厂之所以最后陷入了财务危机，除了因为Z先生被企业的高速发展冲昏了头脑，对自己的经营战略盲目自信之外，还有一个重要的原因便是Z先生企业危机意识的逐渐降低，他没有意识到企业投资修建分厂需要详细考察当地的服装市场情况，更没有意识到在进行服装厂经营规模扩大投资时要格外慎重，这才导致服装分厂扩建的数量过多，甚至其中一些服装新厂所生产的服装亏本销售，经济上入不敷出的服装新厂严重影响了Z先生服装总厂的生产资金与正常运营，最终使Z先生的企业陷入了严重的财务危机。

危机意识是一个企业经营管理者必须要具备的企业管理意识，如果经营者被企业高速发展的趋势或扑面而来的名誉与金钱冲昏了头脑，察觉不到企业危机的存在，那么此时的企业很可能已经陷入最大的危机之中了，正所谓"生于忧患，死于安乐"，若企业经营管理者缺少忧患意识，安于现状或盲目扩张投资，那么终将自食苦果，把企业推向危机的深渊。

1.4.2　敬畏危机，方能化险为夷

　　在企业运营与发展的过程中，难免会遇到一些企业危机，经营者若想让自己的企业在饱经风霜之后依然熠熠生辉、光彩动人，那就必须要树立企业危机意识，敬畏危机，时刻为企业可能爆发的危机做好各种应对预案，这样才能保证企业更好地应对突然爆发的危机事件。

　　知名企业微软公司的创始人比尔·盖茨曾有一句关于企业危机的经典名言，叫作"微软离破产永远只有 18 个月"，这句名言一直提醒着整个微软公司的管理团队，在这个瞬息万变的 IT 行业中，不进则退，此时的行业强者很有可能在下一秒就陷入无法翻身的企业危机之中。正是由于比尔·盖茨具有这种强烈的企业危机意识，才使得微软公司平安地渡过一个又一个难关，发展成今日世界知名的 IT 行业巨头。

永远不要失去危机意识

　　许多中小企业在发展的过程中，难免会经历业绩迅速增长的上升期，若中小企业的经营者在上升期被迅速增长的公司业绩冲昏头脑，盲目自信自大，失去应当时刻具备的企业危机意识，有时很容易在关系企业命运的问题上做出错误的决策或判断，进而使企业陷入较为严重的危机。

　　知名企业家张瑞敏曾经说过："每天的心情都是如履薄冰，如临

深渊。"企业家柳传志也曾说过："你打个盹，你对手的机会就来了。"华为 CEO 任正非曾经更是宣称："华为的危机及萎缩、破产是一定会来到的。"这些企业家所拥有的企业均是享誉国内外的知名企业，即便如此，他们也从未减弱过自己的企业危机意识，他们仍然时刻提醒自己不要被眼前的成就冲昏头脑。

企业危机一直都存在于企业的生存与发展的过程中，只有时刻保持危机意识，才能在企业遭遇危机时，真正做到临危不惧、泰然处之。

1.5 以积极的心态应对危机

1.5.1 坚定信心，放平心态

受市场环境影响，L先生经营的企业，经营业绩不断下滑，他看到许多同行纷纷采取了裁员的举措，目的是将企业的经济损失降至最低。深陷于行业危机之中的L先生并没有放弃企业未来发展的希望，他坚定了自己企业发展的信心，并向所有员工发送了多封邮件，向他们阐明自己的观点，并许下了自己坚决不会裁员的承诺，但为了减少企业的经济成本，L先生在与员工沟通后，一致决定在这个非常时期将企业中高层工资降至原来的80%，将企业基层员工的工资降至90%，并承诺企业经营情况好转后，另外20%、10%的工资，一定双倍支付。L先生这一措施不仅给员工吃下一颗定心丸，还极大地提高了员工对企业的忠诚度。

在双方就工资问题达成一致后，L先生开始趁着业务低迷的时间，在企业内部举行了大量培训，优化企业内部的业务流程，从整体上提高了企业员工的综合素质，并发掘和培养了一大批业务骨干。

随着市场环境好转，L先生经营的企业形势逐渐好转，那些裁员的同行们一下子措手不及，错过了拓展业务的大好时机，而L先生的企业则凭借出色的业务团队迅速发展，一跃成为行业中名气响亮的企业。

信心是一个企业长远发展的重要影响因素，特别是在面对行业危机这种大环境背景下，能否拥有坚定企业发展的信心和一个积极良好的危机应对心态，有时会直接左右一个企业的命运。

上述案例中，L先生作为企业的经营者，在面对整个行业的危机时，能够坚定企业发展的信心，以一个积极的心态去应对企业所面临的行业危机，利用有效沟通的方式不仅将企业中的经济损失降至最低，还极大地提高了员工对企业的忠诚度，并抓住一切机会提升企业员工的综合素质，创新推出新业务，这一系列应对行业危机的措施，使得L先生的企业在危机过后，获得了更大的发展空间。

纵观当今世界各行各业中那些超过百年历史的企业，他们在经历这么长时间的岁月洗礼之后依然能够屹立不倒，都有着一个共同的特征，那便是每一代企业经营管理者都对企业自身的发展抱有十分坚定的信心。他们坚信自己所经营的企业不论在何种大环境下，总能找到一条适合企业发展的道路，他们将企业危机哪怕整个行业危机都视为自己企业经营过程中会面临的环境之一。而环境是可以被改变的，只要企业经营管理者能坚定发展信心，积极应对经营与发展过程中的各种问题，找到危机环境下的相关解决方案，就一定能够在危机来临时镇定自若，甚至转变危机，取得更进一步的发展。

1.5.2 自我调整，保持"三心"

在企业突发危机时，企业经营管理者的自我心态调整有时也是一个特别需要关注的问题，因为企业经营管理者往往是企业的核心成员之一，他的决策有时会对整个企业的运营与发展产生非常重要的影响。

企业经营管理者想让自己始终拥有一个良好的心态，除了要对自己企业的发展抱有坚定的信心，还必须要做到时刻保持"三心"，即同理心、平常心和积极心。

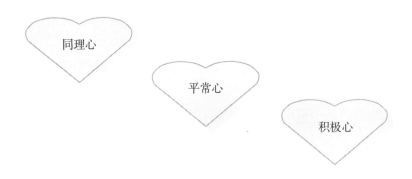

企业经营管理者要始终保持的"三心"

同理心，即心理换位，将心比心，设身处地地对他人的情感与处境进行把握和理解，这种心理主要表现在情绪自控、认真倾听、尊重及换位思考等方面。当企业遇到问题特别是与顾客投诉事件有关的问题时，若企业经营管理者能保持良好的同理心，设身处地地从顾客的角度思考问题，倾听顾客的心声并与顾客一起协商解决问题的办法，那必然不会出现漠视顾客投诉等情况，更不会使企业陷入顾客投诉危机。

平常心，即顺其自然之心，企业经营管理者在企业正常运作的情况下，既能做到不急于求成，也能做到积极主动、顺其自然，专注于企业当下的发展，并一步一个脚印地踏实前进。

危 机 预 警

永远不要缺少一颗平常心

在"三心"之中，平常心是极为重要的一颗心。如果中小企业的经营者在企业发展的过程中缺少一颗顺其自然的平常心，往往容易走入急于求成的错误思维误区，甚至在这种错误思维的影响下，做出拔苗助长等不合时宜的错误决策，最终适得其反，使企业陷入严重的危机之中。

中小企业在发展的过程中，难免会遇到一些企业发展问题，如企业规模问题、企业间合作问题等，当你对这些问题迷惑不解时，不妨尝试着保持一颗平常心，既不急于求成，也不畏首畏尾，而是顺其自然地去做该做的事情，并专注当下，只有这样，才能保持谨慎，最大限度地降低企业陷入危机的概率。

积极心，即乐观，凡事往好处想、往好处做，打心底相信只要能够心无杂念地努力去做，就一定会有好结果。企业经营管理者若能在面临危机时仍然保持一颗积极心，有条不紊地应对企业在危机中所出现的任何问题，这将对企业平安渡过危机甚至转危为安起着十分重要的作用。

正如"危机"一词所含有的意思，危机中既有危险也有机遇，企业经营管理者若想化危为机，不仅要明确企业危机的含义、特征及其生命周期，还要了解种类繁多的企业危机类型，更要在把握企业生命周期的基础上，时刻保持着企业危机意识，并以一个积极的心态应对企业危机，只有这样，才能在遭遇企业危机时带领企业杀出重围，将危险变成机遇，乘势而上，飞速发展。

第 2 章

防患于未然：危机
管理不容忽视

在变化莫测的经济市场中，重视危机管理，树立危机意识，时刻防患于未然，是中小企业生存发展的重要前提！

中小企业经营管理者应时刻保持危机意识，并高度重视对企业危机的管理工作，只有这样，才能在危机到来之时，更有信心用有力举措去面对，才能帮助企业安然渡过危机。

2.1 危机管理，企业的生存之道

2.1.1 究竟何谓"危机管理"

受地区金融危机影响，H公司新建立的两家子公司的运营情况都不太好，随时有大量亏损甚至严重拖垮总公司的风险。

危急关头，正当H公司的董事长考虑是否要关闭子公司时，在总部担任副总经理的G先生在分析了子公司产品的市场销售的实际情况后，冒着被董事长开除的风险提出了反对意见，他认为："子公司主营家电产品，之所以销售情况萎靡不振，是因为人们当下处于持币待购状态，并不是说他们的家中不需要家用电器，如果此时优化和扩大家电产品广告投放，待金融危机过去后，子公司必然能起死回生。"

最终董事长听取了G副总经理的建议，之后的市场发展果真如G

副总经理所料，金融危机过去后，子公司的家电产品销量迅速反弹，H公司生产的品牌家电产品也因此声名大噪，在家电市场中占据了一席之地。

在危机四伏的经济环境下，中小企业时刻都面临着难以预测的危机，如果企业经营管理者忽视了对企业的危机管理工作，一旦遭遇危机，可能就会再无翻身的可能。

"危机管理"，是指企业的管理者能够有计划、有系统地帮助企业消除危机隐患或减少突发危机给企业带来的威胁所采取的一系列活动，如及时向企业高层领导提出建议、及时代表企业做好媒体公关等，其目的是在危机进入爆发期后，能够迅速有效地解决企业所遭遇的危机或最大限度降低企业损失，并设法将危机转化为契机，以此来使企业实现更进一步的成长与发展。

上述案例中，H公司的G副总经理的建议不仅挽救了两个子公司的生命，还使H公司生产的品牌家电产品迅速在市场中占据了一席之地，这一切都源自于G副总经理在企业遭遇危机时所展现出的强大的危机管理能力。这种强大的危机管理能力使其在遭遇企业危机时，能波澜不惊、临危不惧，在理智分析当前企业面临的实际情况的同时，冒着被开除的风险提出有针对性的建议，并采取有效的应急手段，及时将企业危机转化为发展与成长的机遇。

企业经营管理者若能树立良好的危机管理意识，培养杰出的危机管理能力，打造优秀的危机管理团队，定能带领整个企业杀出危机重围，转"危"为"机"，在企业的生存与发展之路上阔步前行。

2.1.2 危机管理的典型特征

想要进一步了解企业危机管理，那我们最该了解的便是独属于企业危机管理的典型特征。一般来说，企业危机管理具有五大特征，即预控性、动态性、全局性、目的性及艺术性。

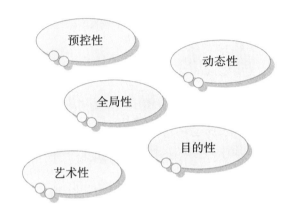

危机管理的典型特征

◆ 预控性

由于企业的危机管理工作始于对危机因子的感知、调查、了解与清除，因此预控性便成为企业危机管理的五大典型特征之一。

预控工作也是企业危机管理中最前端的工作，因为有些潜伏的危机因子不仅会对企业造成威胁，还会在潜伏过程中不断成长，最后导致企业危机的爆发或给企业造成致命一击，而企业经营管理者所做的预控工作，就是尽可能在危机进入爆发期之前就对危机因子进行处理，以此来最大限度地降低企业损失，促进企业发展。

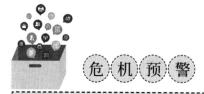

危 机 预 警

危机预控≠危机预警

很多人误以为"危机预控"等同于"危机预警"，但实际上二者并不等同。

危机预警指在可能产生企业危机的源头上投射预警指标，随时对企业的整个运行状态进行有效监测，并通过"危机预警度"来预报企业危机程度并实施相应的危机预警举措，从这个意义上说，危机预警是企业危机防控工作中的一个部分措施。

危机预控则指包括危机预警机制在内的一切能够对企业危机起到预防作用的措施，从这一点上看，危机预控所涉及的范围要远远大于危机预警。

◆ 动态性

动态性是企业危机管理的五大典型特征之一，也是企业危机管理的核心特征。

正是由于企业危机的动态性，才使得企业危机管理也必须保持在一个不断运动变化的状态，面对企业危机在产生、发展、进程和结果等方面的不确定性，企业经营管理者在危机管理过程中也必然选择在不同阶段使用不同的应对方法，或采取不同的企业组织与领导方式，建立有针对性的危机管理机制，以此来保证更加切实有效地解决中小企业在实际发展过程中遇到的危机。

◆ 全局性

在企业危机管理的五大典型特征中，全局性特征主要体现在两个方面。

第一，由于危机管理的最终目的是帮助企业实现自己的发展目标，延长企业的生存寿命，因此企业危机管理的工作也需要体现出企业经营管理者的大局意识和全局性思维，从整体出发，全面把握企业发展的大方向，协调好不同利益相关者之间的关系，确保在冲突性企业危机发生时，企业经营管理者能够站在一个全局性的高度，权衡好不同利益主体的相关诉求。

第二，企业经营管理者要知道，企业危机管理工作不能仅仅依靠企业危机职能部门或企业危机公关小组的力量，而是需要整个组织内部各部门之间有效协调、真诚合作与相互沟通，共同来面对企业遭遇的危机困境。

◆ 目的性

企业危机管理存在一个明确的目的，即在企业危机尚未爆发之前，就找出企业内部潜伏的危机因子并将其清除，一旦危机进入爆发期，也要力争在极为有限的条件下尽可能迅速有效地减小企业危机的不良影响，并设法将"企业危机"变成"企业转机"。

正是由于企业危机管理一直坚守这个管理目的，才使得目的性成为企业危机管理的典型特征之一。

◆ 艺术性

管理既是一门科学，更是一门艺术，企业危机管理作为管理的重要部分之一，它也有着独属于自己的艺术性，这种艺术性主要表现在企业危机管理的要素并不是一成不变的，而是动态的和不确定的，虽然有坚守的目标和相关的危机管理原则，但不同的企业危机管理方式往往会产生不同的管理效果和企业结局。

作为危机管理工作核心部分的危机公关工作，有时更能体现出危机管理的艺术性，能在企业危机爆发后的有限时间中，利用大众传媒与相关舆论转变企业被损坏的形象，这本身就是危机公关所独有的艺术性特点。

2.2 危机管理有章可循

危机管理是有章可循的，主要包括预防当先、主动出击、顾客至上、创新运作模式以及精选公关代表等。

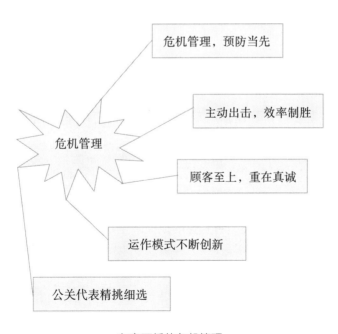

有章可循的危机管理

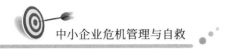

2.2.1 预先管理，预防当先

危机管理并非像一些人所想象的那样，只负责处理已经爆发的企业危机，若危机管理的目的仅仅局限于此，那么企业的危机管理就永远也达不到最理想的管理状态。

在对一些世界 500 强企业的调查中发现，从时间来看，有危机应变计划的企业从陷入危机到渡过危机的时间平均在 8 周半左右，没有危机应变计划的企业从陷入危机到渡过危机的时间平均在 200 周左右；从危机后遗症的持续时间上看，没有危机应变计划的企业的危机后遗症持续时间大多是有危机应变计划的企业的危机后遗症持续时间的 25 倍。

由此可见，企业对危机进行预先管理与计划是极其必要的，正所谓"凡事预则立，不预则废"，企业经营管理者在进行危机管理的过程中，必须要坚持"预先管理、预防当先"的管理原则，细心观察、认真思考、敏捷睿智地抓住企业危机的潜伏期与信号期，在危机因子尚未成长至爆发期时便将其平息抹除。

此外，企业经营管理者还要事先了解各部门运作的实际情况，建立专业的企业危机管理团队，并与之合作，共同建立企业危机管理的应急机制，并筛选出最合适的企业公关代言人，一旦企业危机进入爆发期，企业便能迅速拿出相关的应对措施，以确保企业能更快地走出危机困境，缩短或消除企业危机的后遗症，将企业的损失降至最低。

2.2.2 主动出击，效率制胜

受大环境的影响，DR 公司产品原材料中的一种材料面临全行业断供的情况，整个行业气氛紧张。

面对原材料突然断供的突发危机时，DR 公司立即采取了主动出击的危机应对措施，集团内部积极找专家咨询，并充分利用现有的技术手段，尝试在替换原材料的情况下，保证产品的性能不受影响。

经过两个月的紧张筹备、实验、生产、检测，终于，DR 公司找到了稀缺材料的可替代材料，而且改进生产设备后，新生产线生产出来的产品性能与原产品相差无几，而且更耐用，由此推出了新产品。

以危机为契机，DR 公司完成了产品技术转型和产品转型，在整个行业人心惶惶的情况下依然能保持正常运营，同时在行业内赢得了不错的口碑。

在企业陷入危机时，那些肯主动出击，在保证自己产品质量的基础上，以迅雷不及掩耳之效率取胜的企业往往更能够化险为夷，转危为机。

企业在面对市场占有率与用户增长率逐渐下降的情况时，若想突破困境，能够依靠的除了自身的资源与技术之外，还要重视效率与布局，即同样的一件事，如果你在危机之中做得比别人快、布局得比别人早，那么你就会赢得这件事的主动权，甚至会成为整个行业中第一个"吃螃蟹"的人，得到别人的称赞与效仿。

案例中的 DR 公司正是在这次企业危机中凭借果断而坚决的"主动出击"的危机应对计划，利用企业现有的技术优势全速行动，与时间赛跑，不仅为社会做出了巨大贡献，也实现了转危为机，为企业长远持续的发展赢得了名誉，积蓄了力量。

效率将危机转化为机遇

2.2.3　顾客至上，重在真诚

在企业危机爆发后，不论什么原因，企业经营管理者都应当遵循顾客至上的原则，将顾客的利益摆在最重要的位置，若是由于企业产品质量问题而引发的投诉危机，如问题产品给顾客造成了较大的经济损失或严重影响顾客的正常使用等，企业经营管理者更要及时承担责任，向顾客真诚道歉，并主动与顾客沟通协商以示诚意，必要时企业经营管理者还可以不惜一切代价对顾客予以赔偿，如紧急召回有质量问题的商品或给顾客全额退款等，以此来向顾客表明企业的负责态度，挽救企业声誉。

实际上，在企业危机真正进入爆发期之后，各大媒体与社会公众最不能容忍的事情并不是企业的危机本身，而是企业隐瞒事实、推卸责任或故意说谎、骄傲自大的态度。

企业如果在危机爆发后，遮遮掩掩、弄虚作假，费尽一切心思掩盖事实真相，必然会引起广大媒体和社会公众的不断猜测，不仅无法维护企业形象，还会给企业处理危机增加难度，更有甚者可能会使企业一夜之间声名狼藉，遭到广大网友的口诛笔伐。

当然，企业如果能在危机爆发后的第一时间就主动联系媒体，向公众提供真实信息，表明企业态度，与社会公众真诚沟通，并在取得公众的理解后积极处理问题，相信公众与广大消费者也定能从企业的一系列操作中感受到企业的诚意，进而增加对企业的好感度，这将为企业实现逆风翻盘和重拾消费者信任带来良好的转机。

2.2.4　运作模式不断创新

企业经营管理者在进行危机管理时，要对企业运作模式和战略思维的创新原则给予一定程度的重视，创新是一个民族长盛不衰的灵魂，更是一个企业长远持续发展的重要因素之一。

能够帮助企业迅速应对危机与挑战的永远都是企业强大的核心业务能力，而这种核心业务能力的培养便需要企业在运作模式与战略思维等方面的不断创新。

一成不变的运作模式和企业战略思维，往往会给经营管理者造成企业会永远稳定发展下去的错觉，殊不知危机因子正是在企业一成不变的运作模式中潜伏成长，最终才给企业造成致命一击的。

因此，转换企业经营思维，创新企业运作模式，已经成为企业经营管

理者必须要重视的危机管理原则之一。

当企业危机来临时，企业经营管理者在经营战略上应将关注的焦点从对手转移至自身，在危机中做好自己，根据企业自身实际运营情况来寻找冲出困境的应对措施，而不是盲目跟风效仿同行的做法。

此外，企业经营管理者在创新企业运作模式时，还应当时刻保持危机意识，要明白企业运作模式的创新并不是为了让企业实现一劳永逸，而是新的企业运作模式应具有更强的危机预防功能，如使业务流程更加清晰明确、使资金往来更加透明等，这样才能在企业正常运作的过程中提高经营管理者发现危机因子的概率，避免这些危机因子逐渐成长，威胁企业的健康发展。

2.2.5　公关代表精挑细选

企业在进行危机管理过程中，对于公关代表人选的选择上一定要秉持精挑细选的原则，因为公关代表不仅代表着整个企业的形象，更肩负着"与外界公众沟通"及"与广大媒体记者周旋"的重任，只有经过公关代表所发出的声音才算是企业最终的态度。

如果企业的公关代表的综合素质和能力较差、毫无公关经验，那么在企业突然遭遇危机时，公关代表不仅不能帮助企业正确引导舆论，反而还可能会因为一些错误的言论和行为而将企业推入更严重的舆论旋涡。

具体来说，中小企业在遴选企业公关代表时，应重点考察公关代表的以下几方面能力。

企业公关代表的必备能力

　　第一，企业公关代表应思维敏捷，具有超高的业务水平和较强的随机应变能力，熟悉危机舆情的具体情况和企业的各项事务。

　　第二，企业公关代表应具备与危机事件所涉及的产品、技术相关的专业知识，在回答媒体的一些专业问题时能表述准确，不出错。

　　第三，企业公关代表应具有良好的个人形象与较强的亲和力，在召开新闻发布会或面对各大媒体采访时，能够做到举止得体。

　　第四，企业公关代表应有一定的组织能力与公关能力，熟悉与新闻传播和新闻发布等密切相关的知识。

　　第五，企业公关代表在面对媒体和公众时，能高情商表达、准确表达。

　　第六，企业公关代表应具有较强的心理素质和自制力，能时刻注意

自己的体态和公众形象，在进行危机公关时能够以一个从容镇定、波澜不惊、条理清晰的姿态回应广大媒体与社会公众所关切的问题。

企业公关代表不该这样应对危机

企业公关代表是一个企业在遭遇突发危机时，代表企业与媒体、公众沟通的重要角色，若企业公关在代处理企业突发危机时不慎用错了方法，往往容易适得其反，阻碍企业危机的顺利解决。

常见的企业公关代表应对危机的错误做法如下。

- 对媒体采访内容缺少了解。在接受媒体采访前，不清楚记者采访的目的，不明确采访内容可能涉及的范围，随机应答，漏洞百出。

- 新闻发布会上的讲话内容逻辑混乱，主次不分。讲话不按事先准备好的提纲进行，想到哪讲到哪，无法以简洁明确的语言突出核心内容，以致媒体与公众对其讲话失去倾听的耐心，破坏整个企业的公众形象。

- 来者不拒，不善于回避问题。对于媒体提问的一些敏感性较强或与主题相关性极低的问题也予以正面回应，甚至对一些企业尚未核实的消息也急于表态，不顾及自己所代表的企业形象等。

2.3 对症下药，不同阶段的危机管理

企业危机管理的阶段划分通常存在多种划分方式，如企业危机管理的两段论、三段论、五段论和六段论等，由于六段论对于中小企业的危机管理而言具有相对较强的针对性，因此这里重点介绍企业危机管理的六段论。

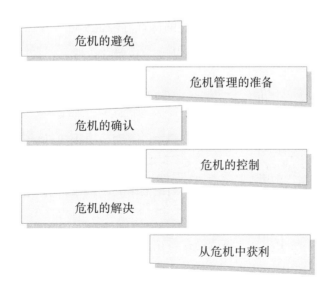

企业危机管理的六个阶段

面对企业危机，只有掌握每个危机管理阶段的特点，才能对症下药，真正帮助中小企业化险为夷，转危为机。

2.3.1　危机的避免

危机的避免阶段是危机管理六段论中的第一个阶段，此时企业的危机因子隐蔽性与潜伏性较强，但破坏性极小。因此在这个阶段中，企业经营管理者若能认真对待潜在危机，就能够在很大程度上实现危机的预防。

经营管理者可以在这个阶段中先将所有可能会对企业商业活动造成麻烦的事件逐一列出，同时仔细考虑这些事件可能对企业造成的后果，并估计企业对这些事件所需要支出的经济成本，在企业可承受的范围内做好记录并实施预防计划。

尽管经营管理者在企业危机的避免阶段做这些事情可能会耗费一定的时间与精力，但经营管理者如果能够认真对待企业危机管理的这个阶段，将会对降低企业危机的爆发概率起到十分重要的作用。

2.3.2　危机管理的准备

危机管理的准备是危机管理六段论的第二个阶段，这个阶段也是中小企业经营管理者未雨绸缪的阶段。

由于大多数中小企业经营管理者在进行企业危机管理时，通常会将关注的重点更多集中在企业当前所面临的市场压力上，而对于未来可能发生的企业危机关注力度则相对较小，这就使得许多中小企业在未来遭遇突发危机时，往往难以立即做出行之有效的危机应对措施，从而给企业造成较大的损失。

但是，如果中小企业的经营管理者抓住企业危机管理的第二个阶段，做好应对未来企业危机的准备工作，如制订应对企业危机的行动计划、通信计划以及消防安全演练等，并在准备的过程中重视危机可能对企业产生的多方面影响，留心观察并做好相关的应对准备，这将对企业从容有效地应对未来危机大有裨益。

2.3.3 危机的确认

　　Y 企业是一家以设计与生产半导体处理器等为主业务的科技公司，几家数字媒体公司在使用装有 Y 企业 X 型号微处理器的电脑时，出现了处理器误算的问题。在新闻媒体的曝光与渲染下，Y 企业员工每天被各种投诉与质问电话搞得焦头烂额。

　　Y 企业的经营管理者认为，X 型号微处理器误算问题是由技术问题引发的企业危机，并没有第一时间考虑广大用户的感受，更没有向广大消费者表明企业的正确应对态度或给出一个解决 X 型号微处理器误算问题的补救措施，反而向公众发布了一项关于 X 型号微处理器的技术监测报告，目的是向广大用户证明 Y 企业所生产的 X 型号处理器出现误算的概率并不高，不会给普通用户的正常使用造成较大的影响，并表示新闻媒体的报道存在夸大之嫌。

> 但是，这份技术监测报告并没有解决广大用户的购买与使用顾虑，反而使公众误认为 Y 企业所发布的技术监测报告在避重就轻、逃避责任。在此后短短一个月的时间中，Y 企业的企业形象一落千丈，市场口碑大跌，不仅仅是 X 型号微处理器相关产品退货率激增，企业的其他产品也相继迎来了退货高潮。这时，Y 企业经营管理者才意识到 X 型号微处理器误算问题所引发的危机的严重性。
>
> 迫于舆论压力和退货率的激增，Y 企业在官方媒体上向公众致歉，并向已购买该型号微处理器的用户许下终身包退换的承诺，但为时已晚，Y 企业的市场竞争力已经大大削弱。

危机的确认是危机管理六段论的第三个阶段，在这个阶段，公众的感觉会变得更加重要，甚至有可能成为引发更大的企业危机的根源。

面对企业出现的危机，如果企业经营管理者在危机的确认阶段忽略了公众的感受，容易给公众造成一种企业在避重就轻地处理问题的错觉，进而使企业陷入危机，或加重企业当前所遭受的危机的损失。

案例中的 Y 企业在面对公司生产的 X 型号微处理器误算问题时，在危机的确认阶段便将其确定为一个由技术问题而引发的危机，而忽视了引发企业危机的根源性问题，即企业与公众的关系问题。

Y 企业在危机确认阶段没有第一时间考虑广大公众的感受，在媒体曝光后又想凭借企业发布的技术监测报告，来证明 Y 企业所生产的 X 型号处理器的技术与质量不会给普通用户的正常使用造成较大影响，这种处理方式若单纯从处理技术问题方面来看似乎并无不妥之处。但殊不知，公众此时所关注的重点并不是 Y 企业 X 型号微处理器出现误算的概率问题，而是 Y 企业对待 X 型号处理器出现误算问题的处理态度和处理措施。当

Y 企业处理这一问题的态度与方式并没有达到公众的期望时，自然会在一定程度上破坏其在广大公众心中的形象，进而影响 Y 企业之后的产品销量，导致 Y 企业的市场经营出现巨大亏损。

因此，企业经营管理者在第三个危机管理阶段中，要重视广大公众的感受，避免从单一角度思考问题，尽可能从多方面寻找引发企业危机的原因，并时刻注意企业处理危机问题的态度与方法。只有这样，企业才能在危机确认阶段更好地找出引发企业危机的根源性问题并予以解决，以此来降低企业陷入危机的概率，避免企业在陷入危机后遭受更大的经济损失。

2.3.4　危机的控制

危机的控制是企业危机管理六段论中的第四个阶段，在这个阶段中，企业经营可以根据公司的实际情况来确定各项工作的优先次序。

一般来说，中小企业在危机的控制阶段经常存在以下几项工作次序。

第一，明确人员分工。即让企业一部分员工专职从事企业危机的控制工作，由另一部分职员负责企业的正常经营工作。

第二，确定企业公关代表。选派一名各方面条件优秀，又善于同公众媒体沟通的人作为企业公关代表，所有面向广大公众的发言都由其主讲，通过他与公众媒体的良好沟通，使其在企业危机爆发后尽可能地发挥挽救企业形象的积极作用。

第三，确保信息的真实性与时效性。在企业危机爆发后迅速向与企业有关的组织人员通报真实可靠的相关信息，如客户、供应商、企业员工以及企业所在社区的负责人等，尽可能避免让这些人员从公众媒体上得知或了解与企业危机相关的一些消息，以减少这些人员对企业的猜疑，这样才

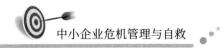

能更好地团结这些企业相关人员的力量，共同应对企业危机。

危机控制阶段的工作次序

2.3.5　危机的解决

在危机管理的六段论中，危机的解决阶段存在一条十分重要的准则，那便是"速度是关键"。

危机不等人，企业经营管理者能否在危机爆发后第一时间及时采取相关的危机管理措施，迅速向公众告知相关信息，表明企业态度，并争取公众理解，直接关系到企业在公众心中的形象与声誉，有时甚至会对企业产品的销量也产生较大的影响。

例如，某品牌手机制造商最近得知了一条较为流行的关于该品牌手机的指控信息，内容为："X品牌的手机在使用时会产生电磁辐射，这些电磁辐射会加重使用者患脑瘤疾病的风险。"该品牌手机制造商迅速聘请了一批知名专家直接向公众解释关于X品牌手机使用的实际情况，广大公众的担心与忧虑很快就被消除了，该品牌的手机销量也没有因为网络流行的指控信息而受到较大影响。

速度是关键，但不是一切

在解决危机的这个阶段中，速度确实占据着较为关键的位置，因为企业危机具有突发性，当企业危机爆发后，企业经营管理者如果能够迅速及时地对危机进行处理，对于减小企业损失、挽救企业形象等起着非常重要的作用。

但是，在解决危机的过程中，中小企业者还应当认识到，速度虽然处于关键的位置，但并不是一切，只有速度而没有与之相对应的解决危机问题的措施，企业依然难以保证自己能够平安顺利地渡过危机。

企业在应对危机时，只有在保证速度的基础上，与公众进行有效沟通，并尽快制订与实施针对此次企业危机的最优解决方案，才能最大限度地得到公众的谅解与支持，进而化险为夷，甚至转危为机，为企业带来一次崭新的蜕变与飞跃。

2.3.6　从危机中获利

从危机中获利是企业危机管理六段论中的最后一个阶段，企业若能在危机管理的前五个阶段中将危机处理得较为完美的话，那么在这最后一个企业危机管理的阶段里，企业从中获利的可能性将会得到进一步提高。

因为在这个阶段中，企业经营管理者不仅能够仔细认真地总结此次危机的经验与教训，做好补救企业损失或完善企业形象的相关计划并加以实施，还能借助广大公众对危机的关注力度，以最快的速度提升企业品牌的影响力，帮助企业恢复正常的运转与经营。

2.4 重在防范，做好危机预警

危机预警指在可能产生企业危机的源头上投射预警指标，随时对企业的整个运行状态进行有效监测，并通过"危机预警度"来预报企业危机程度并实施相应的危机预警举措。

简言之，就是企业经营管理者根据整个企业内外部环境的变化，对企业未来可能遇到的威胁企业生存的事件进行提前预测与分析，并发出警报，以便提前采取相关的应对措施，减少企业损失、规避企业风险。

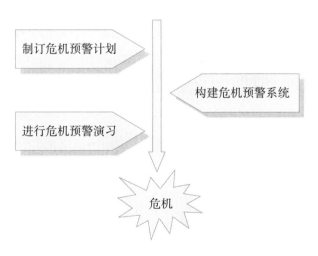

重在防范，做好危机预警

凡事预则立，不预则废。中小企业经营管理者想要做好企业危机预警，应当重在防范，具体可从三个方面入手，即制订危机预警计划、构建危机预警系统以及进行危机预警演习。

2.4.1　制订危机预警计划

制订危机预警计划对企业做好危机预警工作有着十分重要的作用，危机预警计划是在事前便对企业可能发生的潜在危机进行预先研究与讨论，并制订出相关应变行动方案的一种危机预警方式，目的是确保企业在危机爆发时能够直接采取有效行动，帮助企业以一个快而有效的方式顺利渡过危机。

企业经营管理者在制订危机预警计划的过程中，要尽可能保证计划的灵活性与可操作性，使其能够依据企业危机的实际情况进行调整与变动，以此来扩大危机预警计划的适用范围，提高危机预警计划的使用效率。

此外，企业经营管理者还要保证危机预警计划的系统性与集体参与性，使企业内部各成员在应对危机事件的过程中团结一致、共同参与、权责明确、默契配合，以此来提高危机预警过程中的信息交流效率，增强企业各部门之间的信任度与配合度，从而进一步帮助经营管理者更加沉着冷静地应对企业遭遇的突发危机事件。

危 机 预 警

切忌脱离"资源"谈"计划"

制订一个实用有效的危机预警计划，可以帮助经营管理者更加从容地应对突然爆发的企业危机事件，甚至能够提高企业将危机转化成发展机遇的概率，增强企业的知名度与影响力。

但是，企业经营管理者在制订危机预警计划时，切忌犯下脱离"资源"谈"计划"的错误。

对于中小企业而言，公司所拥有的有效资源在数量与类别上相对有限，如果企业经营管理者在制订计划的过程中忽视了这一点，制订了超出企业有效资源范围的危机预警计划，那么很容易使企业在危机预警工作中出现企业有效资源突然缺少的问题，最后导致企业危机管理失败。

2.4.2　构建危机预警系统

构建危机预警系统是企业做好危机预警工作的一个重要环节，因为危机预警系统的主要功能便是为企业提供较为准确的危机事件预警信息。

当外界环境发生变动时，企业经营管理者可以利用危机预警系统所提供的最新变化数据进行分析，并制订与演练相关的企业危机事件预警方案。从这一点来说，能否建立一个高效的企业危机预警系统，往往是决定一个企业是否能够准确、及时预测危机事件并采取相应措施的关键。

一般说来，危机预警系统主要包括五个子系统，即信息搜集系统、基本监测系统、危机预测系统、综合评估系统以及警报系统。

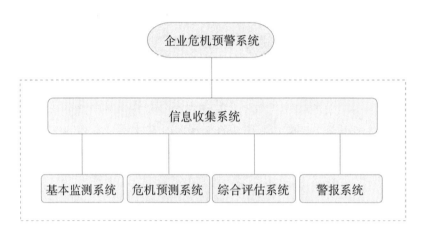

企业危机预警系统的组成部分及各子系统之间的关系

下面具体来解析企业危机预警系统的各个子系统之间的关系。

信息搜集系统——负责收集与整理相关的企业危机信息。

基本监测系统——根据信息搜集系统收集与整理的数据信息，对企业运营情况进行常规的基本监测。

危机预测系统——根据加工后的危机信息与企业运营的常规监测结果，来进行企业危机的风险预测。

综合评估系统——主要负责评价其他系统的基本监测工作与危机预测工作，以确保整个危机预警系统的有效性与实用性。

警报系统——主要负责报警工作，如果其他子系统的各项指标同企业预先设置的安全指标不符，警报系统便会及时发出警报。

企业经营管理者只有更好地掌握危机预警系统中各个子系统之间的关系，才能根据企业的实际情况构建出最适合企业日常运营的危机预警系统，真正做好企业危机的预警工作。

2.4.3　进行危机预警演习

K 公司是一家发展势头相对较好的饮品生产公司，该公司的主要负责人 D 先生具有较强的企业危机管理意识，每年都会聘请企业危机管理专家到公司内部进行讲座，并开展企业危机的预警演习活动。

D 先生这么做不仅是为了增加员工的企业危机意识，更是为了使企业员工在面对突发的危机事件时，能够从不同角度去思考问题，进而制订与实施更具全面性的危机应对方案，帮助企业顺利渡过难关。

一次，K 公司的总经理因家中有急事而临时请假，在总经理请假的时间里，K 公司突然爆发了顾客在网上控诉产品质量的危机，正当 K 公司因无法联系总经理而陷于慌乱时，该公司的公关人员 F 女士主动请求担任 K 公司的代理总经理。F 女士曾经参加过 D 先生在公司内部开展的企业危机预警演习活动，扮演过 K 公司总经理的角色，也曾站在总经理的角度思考过关于处理顾客投诉危机事件的方法，正因如此，她才有勇气主动请命，带领大家共同应对企业危机。

在获得 D 先生的批准后，F 女士既以公关人的角色严肃认真地与公众媒体进行沟通，又以代理总经理的角色制订与实施应对顾客投诉危机的计划方案，并从容不迫地向企业内部各成员发布任务，确保大家各司其职，团结一致，共同应对公司突然爆发的顾客投诉

危机。

　　终于，功夫不负有心人，在 F 女士和企业成员的共同努力下，K 公司不仅没有因为此次顾客投诉危机而声名大跌，反而因为处理此次顾客投诉事件的态度与方法而博得了广大公众媒体的好感，知名度迅速提高，使得 K 公司的饮品销量一路飙升，甚至一跃成为广大公众最喜爱的饮料品牌之一。

　　企业危机预警演习主要是指通过模拟演习的方式，增强企业员工的危机意识，提高企业员工的危机管理知识水平，增强企业员工的快速应变能力与心理承受能力，进而使其提前做好应对突然爆发的企业危机事件的准备，帮助其更加从容镇定地处理企业突然爆发的危机事件。

　　案例中的 K 公司之所以在没有总经理的情况下依然能够迅速处理好企业突然爆发的顾客投诉危机，除了 F 女士和所有企业员工的共同努力外，很大一部分原因还要归功于 D 先生曾经在企业内部开展的危机预警演习活动，F 女士在演习活动中获得的演习经验为处理 K 公司所面临的企业危机问题提供了很大的帮助，也正因如此，K 公司才能转危为机，乘势而上。

　　企业经营管理者在进行危机预警演习时，可以从两个方面着手进行。

　　一方面，对参加危机预警演习的企业员工进行危机管理知识和技能的培训，使其能够在规定的时间内及时、准确地完成相应操作。

　　另一方面，进行角色轮换训练，通过设定一个特定的背景，分派给演习人员不同的角色，使其通过合作进行企业危机管理的模拟演练，并在演练过程中不断完善企业危机的应对与处理方法，以此来帮助企业更好地应对现实中千变万化的企业危机事件。

2.5　组建高效的危机管理团队

在复杂多变的市场环境下，企业爆发危机事件的概率正在不断增加，是否拥有一支杰出的危机管理团队，对企业能否更加平安顺利地解决突发危机起着非常重要的作用。

想要组建一支高效的企业危机管理团队，不仅需要选择合适的团队组建方法，更需要为团队培养优秀的危机管理人才。

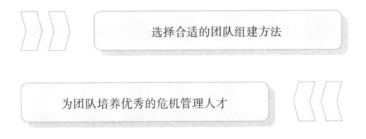

选择合适的团队组建方法

为团队培养优秀的危机管理人才

组建高效的危机管理团队的方法

2.5.1　选择合适的团队组建方法

企业经营管理者若想组建一支高效的危机管理团队，一定要根据企业

经营的实际情况，选择合适的危机管理团队组建方法。

一般说来，组建高效的企业危机管理团队应当注意以下两点。

第一，坚持高层负责原则。

高层负责原则主要指在企业正常经营与运转的过程中，企业通过高层负责的方式挑选与培养一批能力出众、合作默契的企业危机管理成员，以此来更好地帮助企业规避与处理危机事件。

企业危机管理团队成员中，应当存在专门负责企业危机管理工作的权威高层管理者，他们不仅要具备优秀的人际协调能力与指挥能力，还应当具备足够多的企业管理权限，这样才能更好地激发其对企业危机管理工作的责任心，团结企业内部的危机管理成员，进而打造一支杰出高效的企业危机管理团队，共同应对种类繁多的企业危机事件。

第二，建立首席危机官制度。

首席危机官简称CCO，它是企业为了管理突然爆发的危机事件而专门设立的一个岗位，担任首席危机官这一角色的人通常是企业组织中的一把手，偶尔也存在由企业其他高层管理人员担任这一角色的情况，但不论如何，一个企业的首席危机官通常会对该企业的危机处理工作负总责。

建立首席危机官制度不仅关系到企业CCO本人，更关系到整个企业危机管理团队的构建与发展，因为一个企业的首席危机官会领导着该企业的三个危机管理小组，即紧急应对小组、危机处理小组和营运督导小组，这些危机管理小组共同构成了一个企业的危机管理团队，只有在一个完善的制度体系下，各小组之间的分工才能更加清晰明确，整个企业危机管理团队之间的配合才会更加默契，企业危机事件的处理效率也才能在整个危机管理团队成员的默契配合下得到更进一步的提高。

危 机 预 警

不可忽视的"危机管理计划书"

　　企业在组建危机管理团队的过程中，如果没有一个有章可循的"危机管理计划书"，很有可能会导致企业内部在危机事件爆发后杂乱无序、自乱阵脚。因为企业"危机管理计划书"的主要功能，便是根据企业危机类型与级别来最终确定指派谁来担任此次企业危机的首席危机官。

　　如果企业忽视了制订"危机管理计划书"，那么企业在爆发危机时便不能迅速有效地根据危机类型找出最适合处理此次危机的首席危机官，从而影响紧急应对小组、危机处理小组和营运督导小组的成立与分工合作，进而严重阻碍企业危机管理团队的组建工作。

2.5.2　为团队培养优秀的危机管理人才

案 例 引 导

　　M公司是一家非常重视企业危机管理的乳品生产公司，其公司的老板H先生在公司日常经营的过程中，便十分注意培养年轻的企业危机管理人才，他不仅经常聘请知名的危机管理专家到公司进行讲座，还特别重视企业危机管理团队中的"老帮少"活动，即有经验的危管理员工指导经验较少的新危机管理员工。

一次，M公司爆发了一场信任危机，M公司长期与Q集团合作，为Q集团提供奶源。近期，Q集团的奶制品出现了质量问题，而M公司作为奶源提供方，引起了当地公众的很多负面猜测，对此，M公司迅速根据企业的危机管理计划书确定了应对此次危机的首席危机官K先生，K先生立即向紧急应对小组、危机处理小组和营运督导小组分派了不同的工作，由于这三个小组的组长都是年轻员工，K先生心中也十分忐忑，担心这些年轻人是否能出色完成工作任务。

H先生对K先生说，要坚信年轻人才的力量，这三位年轻的企业危机管理组长最终也没有让H先生和M先生失望，紧急应对小组、危机处理小组用当下网友们熟悉的网络用语巧妙撰写公关文案，澄清了M公司与问题产品之间的关系，并花样宣传了M公司，邀请当地消费者和热心网友来自己美丽的农场参观；同时，营运督导小组也迅速在代言危机爆发后认真督促企业车间的生产工作，提升产品保障。

M公司在此次危机中转危为机，实现了更进一步的发展。

企业的发展离不开人才的培养，一个高效的企业危机管理团队更离不开企业危机管理人才的支持与努力。

企业经营管理者若想组建一个高效的危机管理团队，除了选择合适的团队组建方法之外，还要注重为团队培养优秀的危机管理人才，只有这样才能使企业在危机爆发后，更加迅速、高效地组建起一支优秀的企业危机管理团队，帮助企业更好地应对危机，迎接挑战。

案例中的H先生在公司发生危机后，面对首席危机官K先生的顾虑，依然坚持相信各个危机管理小组的年轻组长的能力，正是由于其在日常的公司运营中就注重对企业危机管理人才的培养工作，才使其有足够的底气去相信各个危机管理小组的年轻组长，而各位年轻组长在处理 M 公司遇到危机时的杰出表现，不仅说明了企业培养危机管理人才对组建高效的危机管理团队有着积极作用，更用实际行动证明了这种方式对企业更好地处理危机事件也有着较大的帮助。

　　凡事预则立，不预则废，在复杂多变的市场环境下，中小企业若想安然渡过危机，就必须重视人才培养，只有这样，才能在企业出现危机时有人才、有精力、有头脑和策略去积极应对。

CHAPTER 3

第 3 章

临危不惧：危机
处理与自救

企业爆发危机事件并不可怕，可怕的是企业在危机事件爆发后自乱阵脚，无法及时有效地进行危机处理与自救，这不仅会导致企业遭受更大的危机损失，而且还会严重影响与阻碍企业未来的成长与发展。

　　若企业能够在危机事件爆发后临危不惧、上下一心，第一时间明确此类危机的处理原则与处理程序，勇于承担自己的责任，积极采取有效措施进行危机处理与自救，相信企业不仅能够妥善处理好所爆发的危机事件，而且会打开成长与发展的新大门。

3.1 危难当头，要遵循哪些处理原则

在复杂多变的经济背景下，企业能否临危不惧地面对突然爆发的危机事件，能否妥善地进行危机事件的处理与自救，直接关系到企业未来的成长方向与发展道路，这值得所有中小企业经营管理者慎重对待！

在企业危机爆发后，企业应立即采取有效的危机处理与自救措施，此时的企业经营管理者万万不可自乱阵脚，毫无原则地实施危机处理与自救措施，而应当在企业危难当头之际，沉着冷静、积极应对，掌握并遵循企业危机的处理原则，并与企业所有员工团结一致，共克难关。

一般说来，常见的企业危机处理原则包括迅速反应原则、勇担责任原则以及真诚沟通原则等。

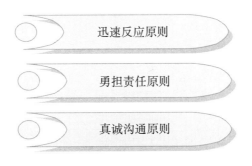

企业危机处理原则

3.1.1 迅速反应原则

企业危机时期本身就是一个特殊的时期，在这个时期里，企业对危机处理与自救措施的制定与实施速度提出了更高的要求，因为在企业危机中，赢得时间就意味着为企业赢得了更多可以回旋的余地。

对于陷入危机之中的中小企业来讲，科学化解危机，除了智慧与实力之外，还有一个非常重要的因素，那便是速度。

因此，企业经营管理者在处理突然爆发的危机事件时，要遵循企业危机处理的迅速反应原则，尽可能以最快的速度了解企业危机事件发生的实际情况并进行迅速评估，找出危机事件爆发的实质性原因，如此次危机是天灾还是人祸，是产品本身的质量问题还是企业个别工作人员的失职，是高层决策失误还是竞争对手的恶意破坏造成的。

在明确企业危机爆发的实质性原因后，经营管理者更应积极处理，对症下药，果断制订与实施应对此类危机的处理方案，以争取在最短的时间内控制企业危机事态的发展，避免危机事态发生进一步恶化。

3.1.2 勇担责任原则

案例引导

Q公司是一家以生产女性化妆品为主营业务的中型公司，一次，该公司突然爆发了旗下A系列品牌化妆品大量过敏事件。在得知这一消息后，Q公司第一时间在各大媒体平台的官方账号上向广大受害者表示歉意，并当即决定，不惜损失 100 万元人民币的代价，全部收回市场上所有该公司生产的 A 系列品牌化妆品。

　　Q 公司处理化妆品过敏危机事件的态度和做法不仅赢得了广大消费者的一致好评，更向公众展示了一个敢于承认错误、勇于承担风险、具有高度社会责任感的企业形象，许多慕名而来的大型企业纷纷向 Q 公司抛出寻求合作的橄榄枝。

　　在本次企业危机处理过程中，Q 公司不仅没有因为化妆品过敏事件遭受"灭顶之灾"，反而迎来了更高的企业声誉和企业影响力，未来的发展前景也呈现出一片大好的趋势，真可谓是化险为夷，转危为机。

　　在企业危机事件爆发后，企业经营管理者若能遵循勇担责任的危机处理原则，不回避也不相互推诿，而是勇敢承担责任，以积极负责的态度来应对危机事件，对于挽救企业形象，获得公众谅解以及提高企业声誉和影响力都起着极为重要的积极作用。

　　一般说来，在企业危机爆发后，社会公众所关心的问题主要涉及两个方面，即公众利益方面与公众感情方面。

　　利益问题，是消费者进行消费时关注的焦点问题，事实证明，当消费者的权益遭受侵害和威胁时，也就是企业危机出现时，企业对消费者利益的考虑至关重要，那些第一时间勇于承担责任的企业，往往要比那些第一时间逃避责任的企业更易赢得消费者的好感。

　　此外，在企业危机事件爆发后，社会公众特别是危机事件中所牵涉的受害者还会很在意企业是否重视自己的感受，若此时企业能够站在受害者的立场上思考问题，对其表示同情与安慰，并通过官方媒体向公众真诚致

歉，相信更能解决公众与受害者深层次的心理与情感关系问题，从而更好地赢得广大公众的理解与信任。

上述案例中的 Q 公司之所以能在一场严重的化妆品过敏危机事件中实现转危为机，最重要的就是 Q 公司在处理这一企业危机事件过程中严格遵循了勇担责任的危机处理原则，在得知危机事件后没有回避问题，也没有在企业内部相互推卸责任，而是勇于承认错误，及时向公众致歉，主动承担相应的责任，并以一个真诚积极的态度迅速采取一系列补救措施，不仅向广大公众展示了一个具有高度社会责任感的公司该有的形象，更赢得了广大消费者和潜在目标受众的好感，这一切都为后来企业影响力的提高和企业未来的发展奠定了坚实的基础。

3.1.3 真诚沟通原则

真诚沟通原则是企业危机处理所要遵循的重要原则之一，当企业陷入危机漩涡中时，企业通常会成为广大公众所关注的焦点，此时企业的任何举动都可能受到公众与媒体的质疑。

企业只有秉持真诚沟通的危机处理原则，主动与各大新闻媒介联系，积极主动地与广大公众真诚沟通，尽快说明企业危机事件的真相，才有机会促使企业与公众相互理解，消除广大公众的疑虑与不安，为企业制订与实施危机事件处理方案争取更多的时间。

在企业危机处理的真诚沟通原则中，沟通的"真诚"主要表现在三个方面，即诚信、诚意、诚恳。

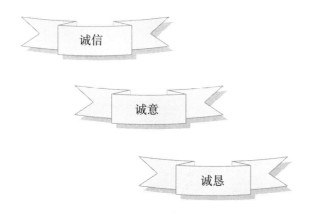

企业真诚的具体表现

诚信，指真诚守信用，企业应当站在广大消费者与社会公众的立场来明确自身所应当承担的社会责任，拒绝弄虚作假，确保产品的质量合格，不欺瞒广大市场消费者，坚持将"诚信经营"作为与广大公众真诚沟通的基础。

诚意，指在企业危机事件爆发后的第一时间，由企业高层出面向公众说明危机事件的具体情况，并代表企业向公众致以真诚的歉意，以此来体现企业对消费者与公众负责的良好态度，向公众传递企业认真负责的企业文化，从而赢得广大消费者与公众的理解与同情，为企业更好地处理危机事件争取时间。

诚恳，指企业在遭遇企业危机后，应以广大消费者与社会公众的利益为重，既不遮遮掩掩地回避问题，也不费尽心机地掩盖真相，而是勇敢地直面问题与错误，主动承担危机事件的责任，以此来重拾消费者与社会公众的信任与尊重，以最大限度地挽救企业形象与企业声誉。

危 机 预 警

切忌宣传口径的"不统一"

　　企业在处理危机事件时，难免会遇到向社会公众说明危机事件真相的情形，此时若企业组织内外不能统一宣传口径，确保向公众说明的事件信息言辞一致，不仅不能赢得社会公众对企业的同情与谅解，反而还会影响企业在广大消费者和社会公众心中的形象，甚至引发更多对企业不利的猜忌与谣言，进而导致本就岌岌可危的企业声誉变得更加脆弱不堪。

　　因此，企业只有在与公众真诚沟通的过程中，重视企业组织内外部的公关工作，统一整个企业对危机事件相关信息的对外口径，才能更好地使公众感受到企业处理危机事件的态度与诚意，进而最大限度地争取社会公众对企业的同情与理解，帮助企业更好地在危机中挽回企业形象和企业声誉。

3.2 刻不容缓，有效的危机处理程序

企业危机爆发后，为了防止危机事件进一步恶化给企业带来更大的损失，采取有效的危机处理措施刻不容缓。

此外，必须充分认识到，危机事件从爆发到平息，存在一个动态变化的过程，如果企业没有一套合理有效的危机处理程序，很容易降低企业危机事件的处理效率，延缓危机事件的平息速度，无形中加大了危机事件给企业造成的损失。

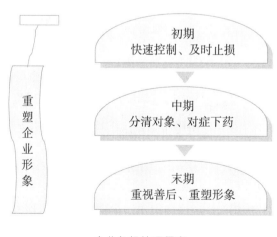

企业危机处理程序

因此，构建一套有效的危机处理程序对企业更好地应对突然爆发的危机事件将有着很大的帮助，在这里我们将企业危机的处理程序分成三个阶段来进行构建，即危机初期、危机中期与危机末期。

3.2.1 初期：快速控制、及时止损

在企业危机爆发的初期阶段，企业经营管理者最应当做的便是快速控制危机，确保企业能够及时止损。

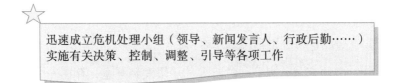

迅速成立危机处理小组（领导、新闻发言人、行政后勤……）
实施有关决策、控制、调整、引导等各项工作

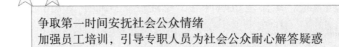

争取第一时间安抚社会公众情绪
加强员工培训，引导专职人员为社会公众耐心解答疑惑

勇担责任，给予公众必要的人文关怀
严防危机事态进一步升级

企业危机爆发的初期阶段的危机处理步骤与任务

在企业危机爆发后，迅速成立专门处理此次危机事件的危机处理小组是十分必要而且重要的。危机处理小组的成员通常包括高层领导、律师、专职公关人员、新闻发言人、电话热线客服人员以及行政后勤人员等。这

个危机小组主要负责企业危机事件处理过程中有关决策、控制、调整、引导等各项工作。

在危机影响扩大前，企业要争取在第一时间安抚社会公众情绪。在危机事件爆发后，第一时间主动召开企业新闻发布会，并向广大社会公众发布官方已知的事实真相，以争取公众的同情与理解，抓住企业危机处理的主动权。随后，企业应及时设置公众热线电话并将电话号码公之于众，并派专职客服人员为社会公众耐心解答疑惑，以安抚危机事件中受害公众的不安情绪。

在处理企业危机过程中，企业应勇担责任，严防危机事态进一步升级。企业危机事件爆发后，许多公众都会抱着宁信其有的思想来看待企业的一举一动，此时的企业最重要的就是要从社会公众利益的角度来思考问题，勇担责任，如收回产品、停止销售或无理由退换产品等，以此来缓解紧张的危机态势，严防企业危机事态进一步升级。

危 机 预 警

不要忽视权威机构的作用

在企业危机事件爆发的初期阶段，企业通常会按照一定的危机处理程序实施相应的危机处理举措，如成立危机小组、第一时间与公众进行沟通、安抚公众情绪、勇于承担责任、避免危机事态进一步升级等。

但是，如果企业在这个过程中忽视了权威机构的作用，没有得到一些权威机构或当地政府主管部门的支持，有时也会影响企业在社会公众心中的形象，导致公众对企业产生信任危机。

我们在这里所说的权威机构，主要指与企业或广大消费者有密切关系的消费者协会、产品质量检测部以及企业产品生产技术监督部门等，如果企业在爆发危机后得到了这些权威机构的支持与事实认证，不仅可以帮助企业有效地控制危机损失，还能够帮助企业更加迅速地挽救企业形象与声誉，可谓重要至极，不容忽视。

3.2.2 中期：分清对象、对症下药

在企业危机爆发的中期阶段，企业经营管理者最应当做的便是分清各方公众对象，采取有针对性的危机处理措施，尽力做到对症下药。

掌握企业危机牵涉的公众对象类型，区分公众对象
如企业内部员工、消费者、媒体、社会大众⋯⋯

争取第一时间安抚社会公众情绪
加强员工培训，引导专职人员为社会公众耐心解答疑惑

勇担责任，给予公众必要的人文关怀
严防危机事态进一步升级

企业危机爆发的中期阶段的危机处理步骤与任务

在危机处理的中期，企业应明确本次危机牵涉的公众对象类型，并对危机事件面临的不同对象进行区分。企业危机爆发后，往往会牵涉到众多公众对象，如企业内部员工，企业危机事件受害公众，以及高度关注企业危机的新闻界公众等。企业只有掌握并分清此次危机事件牵涉的公众对象类型，才能根据不同类型的公众对象，采取更有针对性的危机回应措施。

明确和区分危机事件的不同公众对象之后，企业应根据不同公众对象制订有针对性的回应方案，并根据公众对象与危机事件的相关性程度，有计划、有顺序地逐步实施。

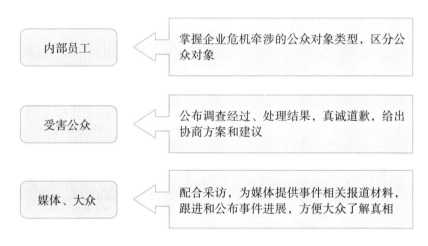

针对危机事件不同公众的应对策略

具体来说，在企业危机处理的中期，企业对待内部员工，应及时与员工沟通，统一员工对外采访的口径；对待危机事件受害公众，企业不仅要做到一边调查事件的来龙去脉，一边及时向受害公众公布危机事件的起因与调查进程，还原事件真相，还要做到信守企业承诺，将受害公众的利益放在优先考虑的位置，避免危机事件爆发后受害公众的利益再次受到侵犯；对待高度关注此次危机事件的新闻界公众对象，企业不仅要保持主

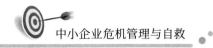

动、配合、尊重、诚恳的态度，成立临时的记者接待机构，集中处理与此次危机事件相关的媒体采访，还要利用好各大媒体平台，及时向社会公众发布事件真相、事件进展情况以及企业的补偿办法等，以获得社会公众的谅解与信任。

3.2.3 末期：重视善后、重塑形象

F 公司是一家以生产和销售卫生纸为主营业务的小型公司，一次，该公司出现了新生产的一批 S 型号卫生纸存在荧光剂超标的问题，F 公司在危机事件爆发后的第一时间，就按照企业危机处理程序有效地处理了此次 S 型号卫生纸荧光剂超标事件，并查明了荧光剂超标产品是由于该批次产品的代加工工厂操作不规范造成的，F 公司迅速联系产品代加工工厂要求立刻停产，并迅速联系媒体公开道歉、公布事件的调查和处理结果，同时向购买 S 型号的消费者承诺无理由退货，召回市场上所有 S 型号的卫生纸。

由于 F 公司处理此次危机事件的速度较快且方法得当，使得 F 公司在一定程度上获得了社会公众的谅解。

尽管如此，但由于 F 公司是一家知名度较低的小型公司，大部分公众和消费者在此次危机事件后依然对 F 公司生产的其他型号的卫生纸避而远之，这使得 F 公司生产的其他型号的卫生纸销量由于受到此次危机事件的影响而逐渐降低。F 公司的总经理 B 先生意识到这个问

题后，迅速联系各大媒体，对 F 公司危机爆发后所采取的一系列补救行为和服务理念，进行了大范围连续性地正面报道，并以 F 公司的名义积极响应政府号召，主动与当地权威机构合作，积极参与社会公益活动项目。

这一系列危机处理工作赢得了消费者和社会公众的好感，他们认识到 F 公司是一家知错就改、能够勇于承担责任的良心企业，于是纷纷放下心中芥蒂，开始重新购买该公司生产的其他型号的卫生纸，F 公司的卫生纸销量也因此开始重新上涨，公司的运营与发展也开始有了否极泰来的可喜趋势。

突然爆发的危机事件不仅会给企业造成经济损失，还会在一定程度上破坏企业在社会公众心目中的形象，甚至阻碍企业在未来朝着更好的方向去经营与发展。因此，企业经营管理者在进行危机处理的过程中，还要重视危机末期的善后工作，依据企业危机末期的处理程序，重塑企业在社会公众心中的美好形象。

善用媒体，正面报道
最大限度地获取公众对企业的认可

把握主动权，扭转公众对企业关注的内容
如积极投身社会公益活动

企业危机爆发的末期阶段的危机处理步骤与任务

企业危机处理的末期，企业应积极与媒体进行沟通，配合媒体报道事件的真相与发展过程，争取媒体对企业的真实、正面报道。企业在危机爆发的末期阶段，要善于利用新闻媒体的优势，将危机爆发后企业所采取的一系列补救措施和服务理念公之于众，使公众了解企业真诚负责的态度和勇担责任的能力，以此来最大限度地获取公众对企业的认可，挽救企业形象。

企业危机处理的收尾阶段，企业应想办法掌握危机处理的主动权，扭转公众对企业关注的"点"。例如，企业可以通过积极参与有关部门或公益组织倡导的社会公益活动，如支持当地社区建设、社会爱心捐款项目等，来增加整个企业的社会责任感，进而赢得社会公众的好感，改善企业在社会公众心目中的形象。

上述案例中，F公司的卫生纸销量之所以能够在后期逐渐好转，最重要的就是该公司重视了企业危机末期的危机处理工作，也正是由于总经理B先生采用了合理的企业危机末期处理程序，不仅利用媒体对F公司进行大范围正面报道，还积极响应政府等有关部门倡导的公益事业，在增强F公司社会责任感的同时，更重塑了该公司在广大消费者和社会公众心中的形象，这才使得公众放下了对F公司曾经危机事件的芥蒂，重新开始购买该公司生产的卫生纸，F公司的经营与发展趋势也因此否极泰来，并朝着更好的方向发展。

3.3 危机中的"指南针"——领导者的作用

正如美国著名管理学家哈罗德·孔茨所说的那样："领导是一种影响力，这种影响力会使人们心甘情愿地为组织的目标而努力。"

在企业遭遇突发危机时，如果能够拥有一位镇定自若、泰然处之的优秀领导者来主持大局、指明方向，那么企业顺利渡过危机的概率不仅会大大提升，还有可能将危机转化为机遇，实现企业蜕变，为企业开拓出一条更广阔的发展道路。

企业在应对突然爆发的危机事件时，还要重视领导者的作用，积极发挥其危机中的"指南针"功能，使企业在一个优秀领导者的带领下，制订并实施正确的危机决策方案，选择高效的危机处理策略。

杰出的领导者不仅是企业危机中的"指南针"，更是引领整个企业走向光明未来的重要力量，一般来说，领导者的作用主要包括察觉与预测危机、指引脱危方向、增强企业凝聚力、做出正确决策等。

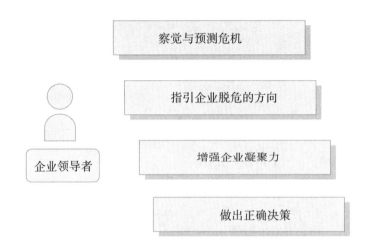

领导在企业危机处理过程中发挥的作用

3.3.1　察觉与预测危机

优秀的领导者能够帮助企业提高危机事件的感知度，使企业更迅速地察觉与预测未来可能爆发的危机事件。

一个优秀的领导者能够时刻保持着重要的危机意识，他们不仅能在企业经营状况较差的时候觉察到企业即将爆发的危机事件，更能在企业蒸蒸日上的时候居安思危，不断增强自己察觉与预测危机的能力，以避免企业陷入"温水煮青蛙"的危险境遇。

一个杰出的领导者有时也能够通过一些蛛丝马迹敏锐地感知到企业未来可能爆发的危机事件，并提前做到未雨绸缪，尽管他或许不能完全阻止此次企业危机事件的爆发，但是一旦企业真正爆发了相关的危机事件，这位优秀的企业领导者便能够临危不惧、冷静处之，甚至力挽狂澜，同企业员工一起共克难关，帮助企业顺利渡过此次危机。

不容小觑：领导者的居安思危意识

领导者虽然具有察觉与预测企业危机的作用，能够凭借自己时刻保持的居安思危意识与危机管理经验，透过企业日常经营的蛛丝马迹，敏锐地察觉与预测未来可能爆发的危机事件并提前未雨绸缪，以避免企业在危机爆发后惊慌失措，茫然不堪。

但是，如果你认为领导者的居安思危意识的作用仅限于此的话，那就大错特错了。

对于中小企业而言，领导者"居安思危"这一危机管理意识能在无形中转化成一种重要的企业文化理念，从而凝聚企业内力，强化企业员工的忠诚度，促使员工为了避免企业陷入危机而更加认真工作、积极进取，不断提高自己的综合素质与创新能力。

在企业遭遇危机时，企业领导者和全体员工如果能以一个较好的状态和足够强大的能力来共同面对困难，那么将更加有助于中小企业摆脱困境、渡过难关。

3.3.2　指引企业脱危的方向

清晰的企业发展方向是一个企业有效应对危机事件的必要条件与基本准则，将企业发展方向作为企业危机事件处理的内在准则，并在此基础上制订相关的企业危机处理方案，不仅是保证一个企业长远利益与社

会认同的关键，更有助于企业化危机为机遇，使其迎难而上，实现发展的蜕变。

一个优秀的领导者能够从企业长远发展的角度去主动处理突然爆发的危机事件，为企业指明摆脱危机的方向，而不是在企业陷入危机时被动应付，更不会使企业陷入为了摆脱危机而摆脱危机的窘境，以防止企业勉强渡过危机后出现迷失未来发展方向的严重问题。

在处理企业危机的过程中，危机领导者能够凭借着自身拥有的职业敏感度与危机管理经验，对企业所面临的危机环境进行仔细分析，并提出合适的危机处理方案、切实可行的发展战略以及危机管理小组的主要任务与工作原则等，并以一个明确清晰的脱危方向，领导和组织整个企业员工共同冲破困境、战胜企业危机。

3.3.3　增强企业凝聚力

企业危机爆发后，单凭企业领导者一己之力往往难以使企业顺利摆脱危机，领导者需要与全体企业员工团结一致、共同努力，才有机会攻克难关、平息危机，此时领导者所具有的企业凝聚力就起到了一个极为关键的作用。

当危机事件突破了企业防线而影响到整个企业的正常运作甚至威胁到企业未来的生存与发展时，员工最需要的便是一种能迅速将大家凝聚起来共克难关的力量，如果领导者缺少这种力量，就容易使企业在危机时刻由于企业凝聚力较低而变成一盘散沙，导致危机事态进一步蔓延。

在危机情境中，领导者的言行举止通常会成为企业内外关注的焦点，杰出的领导者能够在关键时刻勇于承担责任与风险，发挥自己的榜样力量，使自己努力成为企业全体员工行动的一个参照，以此来唤起企业成员的崇敬感，增强企业的凝聚力与感召力。

此外，优秀的领导者还能够在企业陷入危机时，不断鼓励全体员工，积极主动地与员工进行沟通，充分挖掘员工潜能，并通过授权放权等方式来激发员工斗志，提升员工对企业的认同感与参与度，使其在企业危机时刻依然愿意紧密团结在领导者周围，与领导者共担责任，进而产生一种强大的企业凝聚力，帮助企业将危机带来的压力转化成动力，以此来实现更好的发展。

3.3.4　做出正确决策

T公司是一家以生产和销售家用电器为主的中型企业，公司中受欢迎的领导除了待人亲厚的老板之外，还有一位决策果断的总经理 R 先生。

一次，T公司爆发了一场投诉危机，起因是该公司生产 V 型号冰箱的总负责人在生产的过程中，因个人疏忽导致第二批被投放市场的 V 型号冰箱出现制冷功能故障等问题，这使得众多购买了第二批 V 型号冰箱的消费者打电话投诉。总经理 R 先生在得知这一消息后，立即在企业召开了针对此次投诉事件的内部会议，售后部主管在会上强烈建议 R 先生立即追究生产 V 型号冰箱总负责人的责任，再处理消费者的投诉事件；销售部主管则建议 R 先生应先解决消费者的投诉事件，再追究个人责任。两方争执不下，场面一度陷入尴尬。

R先生在听过大家的意见后，他仔细向各位主管分析了此次投诉危机可能给企业造成的损失，明确了此次投诉危机事件的重要性，并根据自己的危机管理经验，说服售后主管，做出了先以最快的速度处理此次冰箱投诉事件，再追究个人责任的决策。

在R先生的指导下，T公司先向购买到问题冰箱的消费者真诚道歉，又迅速以全额退款的方式返还给购买问题冰箱的消费者，以弥补消费者的经济损失，最后T公司又不惜花费几十万元人民币将所有问题冰箱从市场上召回，并对其进行了统一处理，以避免其他消费者再次购买到V型号的问题冰箱，事后又在官方微博上向公众梳理了处理过程并再次向公众致歉，在公众心中留下了"勇担责任、积极处理"的好口碑。

由于R先生的正确决策，使得T公司处理此次冰箱投诉危机的速度较为及时，T公司此次爆发的危机事态不仅没有进一步蔓延，反而因祸得福，在广大消费者心中树立了认真负责的企业形象，使得T公司生产的其他型号的家用电器销量迅速飙升，家电销售业绩也比危机爆发前整整翻了一倍。

企业危机的突然爆发往往会使企业瞬间陷入一个紧急的状态之中，此时的企业往往会直接将领导者的决定作为最后的危机决策结果，这就使得领导者的危机决策变得越来越重要，甚至领导者的一个正确决策有时就能够帮助企业更加顺利地平息危机，走出困境。

一个优秀的领导者往往能够根据自己的危机管理经验，在企业危机爆发后打破常规、果敢行事，帮助企业做出正确的危机决策并以最快的速度付诸实施，使企业在危机爆发后能以一个更快的速度高效处理危机事件，从而最大限度降低企业损失，挽救企业形象。

上述案例中的 T 公司之所以能避免危机事态进一步蔓延，甚至转危为机，最重要的原因就是 R 经理说服了售后部主管，做出了正确的危机决策，优先处理消费者的 V 型号冰箱投诉事件，并以最快的速度将决策付诸实施，从而阻止了此次投诉危机的进一步蔓延，挽救了 F 公司的企业形象，使得 F 公司在渡过此次投诉危机后，迎来了更高的家用电器销量和更好的企业发展前景。

3.4　灵活权变——危机决策

3.4.1　何谓"危机决策"

随着全球经济一体化进程的不断加快和信息技术的高速发展，企业的经营与运作无时无刻都在面临着外部环境与内部环境的急剧变化，企业危机爆发频率也逐渐提高，这就使得企业危机决策变得愈加重要。

决策的发生源自事件当前状态和期望状态之间的差距，个体在做决策的过程中，往往需要从一系列已知选项中选择一个最优选项，这个过程不仅考验着决策主体的知识水平，更对决策主体的决策经验有着较高的要求。危机决策是一个企业危机管理的核心，危机决策的正确与否，严重影响着企业危机事件的处理效率和企业未来的发展前景。

从本质上来说，危机决策不仅是一种非常规状态下的非程序化决策，更是一种企业组织的应激性决策，危机事件爆发后，决策者一般需要在有限的时间、资金、设备、人力等各种资源的制约下实现企业危机事件的高效应对。

因此，危机决策更趋向于非常规决策，在形势紧迫的企业危机事件中，不仅需要决策者果断地剥去一些常规决策中的某些束缚条件，更需要决策者迅速做出决定、制订危机处理方案并付诸实施。

危 机 预 警

不要混淆危机决策与常规决策

在关于企业决策的概念中，很多人会误认为危机决策也属于企业运营与发展过程中的常规决策，但实际上，企业的危机决策并不属于企业的常规决策，危机决策与企业常规决策是两个各不相同的概念。

在决策目标上，危机决策侧重于迅速控制企业危机事态的蔓延，而常规决策更侧重于企业的顺利运作。

在约束条件上，危机决策受限条件较多，如决策时间紧迫、决策信息匮乏、决策资源短缺等，而常规决策的受限条件则相对较少，不仅拥有充足的决策时间，还能掌握详细的决策信息和足够的决策资源。

在决策程序上，危机决策的决策权力较为集中、决策程序相对简化，而常规决策的决策权力则比较分散，决策程序也相对烦琐，甚至会在一定程度上遵循企业特定的决策操作流程。

在决策效果上，危机决策的结果往往存在较高的风险，可控性较小，而常规决策的结果不仅可控可调，还存在可靠的决策结果预测依据，决策的风险也相对较小。

明白危机决策与常规决策的差异，企业才能重视危机决策，才能在特殊境遇下"绷紧神经""特事特办"，如此才能高效化解危机，否则，就只能放任危机侵害企业的形象与利益。

3.4.2　常见的危机决策方法

危机决策所涉及的不确定因素较多，决策环境也较为复杂，很难用一些有规律的模型对其进行定量分析，决策者在实际的企业危机决策过程中，更需要根据企业危机事件的实际情况，将各种危机决策方法灵活地组合起来使用，从而最大限度地降低企业危机决策风险，帮助企业更好地处理危机事件。一般说来，常见的危机决策方法主要包括事前决策法、快速决策法以及专家咨询法等。值得注意的是，这里所说的事前决策法，并非是根据危机发展的不同阶段划分的，它更多指的是一种危机决策的制定思路。

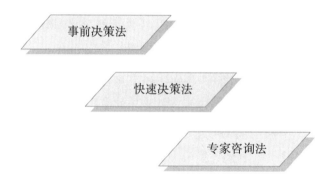

常见的危机决策方法

◆　事前决策法

事前决策法通常需要多方参与，当企业危机事件的诱因相对简单、危机处理时间相对充足时，可以采用事前决策法，集群体智慧，求最优结果。

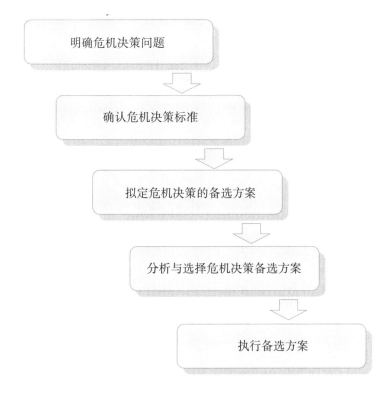

事前决策法的决策过程

这里对事前决策法的决策和实施过程梳理如下。

明确危机决策问题：认识到危机发展的预期趋势和危机现状之间的差距，并找出需要集中处理的危机问题。

确认危机决策标准：认真分析危机决策的内容、标准以及相应的限制条件，并对危机决策标准的预期结果进行评估。

拟定危机决策的备选方案：决策者需要在这个过程中重点考虑三个问题，即是否需要考虑该偶然因素、是否需要依据某些偶然因素来进行危机决策、是否有足够充分的理由制定该决策。

分析与选择危机决策备选方案：决策者利用已经制订好的危机决策标

准对备选方案进行详细分析与评估，并选择一套最适合解决当前危机事件的备选方案。

执行备选方案：公布危机决策结果并根据选定的危机备选方案展开相应的行动。

◆ 快速决策法

快速决策法主要适用于处理时间急迫、信息不足、形势紧张的企业危机事件，帮助决策者以一个更快的速度制订企业危机决策方案，它从危机决策问题的整体出发，对企业危机决策者的主观认识能力、危机处理经验等有着较高的要求。

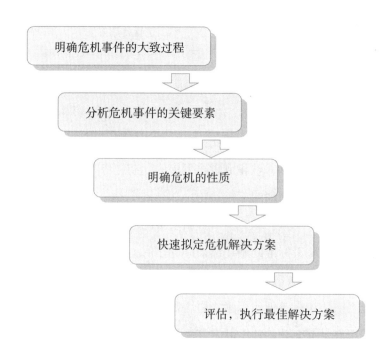

快速决策法的决策过程

具体来说，危机决策者在使用快速决策法来解决企业危机时，应当先明确企业危机事件的基本发生过程，抓住引发此次危机事件的关键要素，并对其进行认真分析与思考，明晰此次企业危机的性质，估测此次危机可能蔓延的方向，进而在此基础上迅速制订不同的危机决策备选方案，评估危机决策后果，并选择一个处理此次企业危机事件的最优决策方案付诸实施，以此来进一步加快企业的危机决策速度，帮助企业提高危机事件的处理效率。

◆ 专家咨询法

　　W 公司是一家以生产和销售纯棉 T 恤为主营业务的中型服装生产公司。一次，由于气候原因导致棉花减产，棉花市场价格突然大幅上涨，使得 W 公司服装生产成本随之变大。恰逢此时 T 恤的消费市场也发生了较大变动，以天丝面料为主的雪纺类 T 恤以轻薄透气、价格实惠等优点后来居上，成为整个 T 恤衬衫消费市场上受消费者欢迎的第一大类 T 恤。在这样的市场环境下，W 公司的纯棉 T 恤的销量迅速下降，公司连连亏损，直接导致公司的生产资金周转不畅，陷入了财务危机。

　　W 公司的总经理 P 先生在得知此事后，迅速邀请与 W 公司有合作关系的危机处理专家团参加 W 公司紧急召开的远程视频会议，共同商讨解决 W 公司此次危机的决策方案，经过专家们的分析与讨论，确定了三种危机决策备选方案，一是更换 T 恤的生产原料，如用涤纶或天丝面料代替纯棉面料；二是继续生产纯棉 T 恤，但价格必须进行相应的调整；三是借此机会变更 W 公司的主营业务，将公司的生产与销售重点从纯棉 T 恤衬衫转移到以涤棉混合面料为主的裤子上。

总经理 P 先生和众多专家就三种备选方案反复讨论后，最终选定了第三种危机决策方案并付诸实施，经过一段时间的努力，第三种危机决策方案果真没有让 P 先生失望，W 公司生产的涤棉混合材料的裤子在服装市场上大受消费者欢迎，W 公司不仅摆脱了财务危机，还因此开拓了一条更加广阔的发展道路，公司未来的发展前景也因此一片大好。

专家咨询法是企业常见的危机决策方法之一，在一些中小企业中，这种方法有时也会和事前决策法或快速决策法等结合在一起使用，目的是保证与企业危机决策状况有关的信息能够被更加有效地处理。通过危机处理专家们的分析与讨论，加深企业危机决策者对决策问题、决策备选方案的考察，进而提高整个企业的危机处理效率，增强企业危机决策方案的权变效能。

决策者在使用专家咨询法进行企业危机决策时，要考虑到与企业有合作关系的专家们不便亲临现场会议的情况，必要时可以选用互联网远程视频会议的方式来讨论企业所面临的危机事件，提出危机决策备选方案并与危机决策者就所提出的备选方案再次进行反复讨论，以此来确定适合解决此次企业危机事件的最优决策方案并付诸实施，从而进一步提高企业危机决策的可靠性与可行性，最终帮助企业顺利渡过危机。

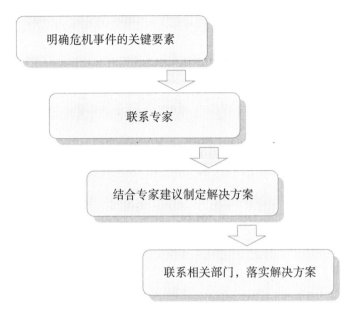

专家咨询法的决策过程

　　上述案例中的 W 公司之所以能顺利渡过财务危机，甚至将危机转变成发展机遇，一个重要的原因就是总经理 P 先生在公司财务危机爆发后迅速采用了专家咨询法这一危机决策方法，并以最快的速度邀请相关危机处理专家进行网络远程视频会议，正是由于有了这些危机处理专家的帮助，W 公司才能迅速确订并实施企业危机决策方案，最后化危为机，就此打开了一条更加广阔的企业发展道路。

3.5 策略加持，以智取胜

案例引导

　　J公司是一家以生产豆奶粉饮品为主营业务的小型食品公司，该公司豆奶粉饮品的目标消费对象主要为中老年人和青少年儿童。一次，J公司的售后服务部门陆续接到了多起消费者打来的投诉电话，主要投诉问题均与该公司最近生产的一款L豆奶粉饮品有关，根据消费者反映，从市场购买的L豆奶粉饮品频频出现变酸问题。

　　J公司总经理在收到消息后，第一时间向消费者致歉并立即告知各大市场停止向消费者销售L豆奶粉，同时在公司内部成立危机处理小组，让小组成员分头行动，其中一部分小组成员迅速联系购买了L豆奶粉的消费者，向其予以一定的补偿；另一部分小组成员迅速联系当地各大市场，进行L豆奶粉回收工作；还有一部分小组成员迅速将市场回收的L豆奶粉样品送去权威研究机构部门进行化验，努力以最快的速度找出导致L豆奶粉变酸问题的原因，最终证明是由于在运输过程中不小心混入了少量无害细菌才导致 L 豆奶粉变酸，经检验，这些无害细菌并不会对人体健康造成威胁。

在得知检验结果后，J 公司又迅速将权威机构的检验结果告知消费者并再次向消费者予以真诚道歉。这一系列的操作花费了 J 公司将近十万元的人民币，相当于公司小半年的营业利润，但也达到了及时止损的效果，豆奶粉变酸危机并没有持续升级，反而因为 J 公司的及时回收、真诚道歉及用心补偿而逐渐平息，使得 J 公司在危机事件爆发后以最快的速度维护了公司的形象，从而最大限度地保证了公司的长远发展。

良好的危机处理策略能够帮助企业危机管理者理清思路，提高危机事件的处理效率，减少危机对企业的危害程度，甚至将危机转化成商机，促进企业实现更好的发展。一般说来，常见的企业危机处理策略包括危机中止策略、危机隔离策略、危机公关策略等。

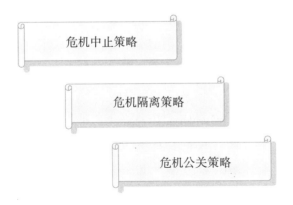

常见的危机处理策略

3.5.1　危机中止策略

危机中止策略是一种较为常见的企业危机处理策略，它主要针对的是引起企业危机事件的诱因，不仅适用于尚未发生较大负面影响的企业危机事件，更适用于危机事件的诱因是企业产品质量问题或企业生产运营过程中造成的环境污染问题等。

在爆发危机事件后，企业经营管理者若想采用危机中止策略来处理危机事件，可以先观察这类危机事件的诱因是否适合使用危机中止策略，如果引发企业危机事件的诱因是产品质量问题，企业就可以根据危机中止策略的有关内容，立即停止销售并迅速回收有质量问题的产品，同时真诚地向广大消费者道歉并给予已购买这类产品的消费者一定的经济补偿，避免危机事态进一步升级，给企业造成更大的损失。

上述案例中的 J 公司之所以没有让豆奶粉变酸引发的企业危机进一步恶化升级，一个重要的原因就是 J 公司的总经理在收到豆奶粉变酸投诉信息时，第一时间向广大消费者真诚道歉并迅速采取了企业危机中止策略，不仅告知市场停止销售 L 豆奶粉，还委派危机小组成员到各市场回收该品牌豆奶粉，同时补偿受害消费者损失并实事求是地告知消费者该品牌豆奶粉变酸的真相，以寻求消费者的谅解，进而维护了 J 公司的形象，阻止了 J 公司豆奶粉变酸危机事态的进一步恶化与升级。

此外，如果引发企业危机事件的诱因是企业生产运营过程中造成的环境污染问题，企业也可以迅速采取危机中止策略，主动承担相应的责任，关闭给环境造成污染的相关工厂或分支机构，主动向受害者道歉并赔偿相应的损失，以此来防止企业危机事件进一步扩散，维护企业形象，为企业未来的发展奠定一个良好的形象基础。

3.5.2　危机隔离策略

企业危机事件的发生往往存在一定的"涟漪效应"，若不加以控制，企业危机事件的影响范围便会不断扩大，危机隔离策略也在此时应运而生，其目的就是帮助企业将危机事件的负面影响隔离在一个最小的范围内，以避免企业发生更大的经济损失或人员伤亡，殃及企业的其他部门或相关公众，影响整个企业正常的生产与经营工作。

一般说来，危机隔离策略通常涉及两种隔离情形，即危害隔离与人员隔离。危害隔离主要指通过对危机事件采取物理隔离的方式，将企业危机所造成的经济损失控制在一定的范围内，以避免出现"城门失火，殃及池鱼"的情况。

在一些经营多元化业务的企业中，如果突然爆发了企业危机事件，如某一条产品线因某些原因发生了信誉危机时，企业经营管理者就可以采取有效的危害隔离策略。

例如，进行生产隔离，通过强调企业每条产品线都是独立运作的方式，及时撇清其他产品线与该条产品线的关系，以免其他产品线的正常生产与运营受到影响。

再如，进行人员隔离，具体是指在企业危机事件爆发后，通过在人力资源上有效隔离的方式，来避免企业危机事件给企业的正常运作与经营造成较大冲击。在上述案例中，J 公司在爆发豆奶粉变酸的危机事件后，该公司的总经理迅速成立了专门负责处理此次危机事件的危机小组，关闭相关工厂、工厂负责人停职配合调查，这便是人员隔离。正是在这个危机小组的分头行动下，陷入 L 豆奶粉变酸危机中的 J 公司，才没有因为此次危机而影响其他豆奶粉生产线的正常生产和运营工作。

3.5.3 危机公关策略

媒体公关不仅是企业进行营销的利器，也是企业打造良好品牌的重要途径，成功的企业善于利用媒体公关塑造良好的企业品牌形象，进而为企业赢得更多的业绩。

危机公关策略是一种较为常用的企业危机处理策略，企业在爆发危机事件后，通过媒体公关的方式，与社会公众或广大消费者进行有效沟通，以获取他们的理解、原谅与尊重，进而为企业争取更多的处理危机事件的时间。

一般说来，危机公关策略主要包括危机公关新闻策略和危机公关广告策略。

◆ 危机公关新闻策略

危机公关新闻策略主要指在企业危机事件爆发后，企业通过迅速联系媒体或主动与媒体沟通的方式，先与媒体达成共识，借助媒体的力量传达企业的立场、态度和观点，再与社会公众进行真诚交流，以此来最大限度获取公众的谅解，为企业更好地处理危机事件和重塑企业形象争取足够的时间。

企业经营管理者在使用危机公关新闻策略时要关注以下几个方面的内容。

首先，重视企业与媒体之间的沟通。把握好新闻媒体的价值导向，与媒体进行深度沟通，在企业危机事件爆发后适当召开新闻媒体通气会，通过诚恳谈话的方式与新闻媒体朋友进行友好沟通，争取达到企业与媒体之间的共识。

其次，耐心接待，服务为本。企业在爆发危机事件后，会在短时间内有大量新闻记者致电或造访企业，企业这时应对来访的记者保持耐心，主动向新闻记者朋友提供信息服务，如主动告知其此次危机事件的诱发原因和相关处理进程等，以此来博得新闻媒体记者的好感，进而形成企业与新闻媒体之间良好的双向互动。

最后，善用媒体，真诚至上。企业在危机事件爆发后，可以利用不同媒体之间存在的竞争环境，选择专家撰稿的方式来向媒体争取此次危机事件的解释权，制造具有新闻价值的危机事件报道内容，不仅要赢得新闻媒体的支持，更要通过实事求是的危机事件真相及真诚负责的企业态度来争取社会公众的谅解，避免企业危机事态进一步恶化升级。

危 机 预 警

不懂节制，适得其反

新闻媒体对企业危机事件的真实有效报道，可以在一定程度上帮助企业搭建一个与社会公众真诚交流的沟通平台，为企业挽救品牌形象奠定一个良好的媒体基础。

但是，新闻媒体的报道有时也是一把双刃剑，如果在危机事件爆发后，企业公关代表无节制地将与危机事件无关但与企业有关的信息向媒体随意透露，或者在新闻媒体记者面前将个人对危机事件的态度毫无顾忌地表达出来，有时往往会适得其反，甚至可能会被某些别有用心的媒体恶意曲解，反而会给本就深陷危机事件的企业带来更加消极的影响。

因此，企业在选用危机公关新闻策略来应对企业危机事件时，与新闻媒体之间的互动合作要坚持节制原则，企业公关代表在回答新闻媒体记者的问题时也要注意自己的态度和言辞，切忌不顾一切地透露与此次危机事件无关的信息，更不要毫无节制地随意表达对此次危机事件的个人态度，避免适得其反，损害企业声誉和品牌形象。

◆ 危机公关广告策略

企业危机公关广告不同于一般的商业广告，从目的上看，商业广告侧重于推销与宣传产品，而企业危机公关广告更侧重于帮助企业有效应对突然爆发的危机事件，使企业在挽救品牌形象和声誉的同时提升企业的知名度与影响力。

从宣传途径上看，商业广告试图通过吸引和说服等方式诱惑消费者去购买商品，如"引进国外先进的生物仿真技术""XX商品连续多年进入省级优秀行列"等，危机公关广告则是通过借助媒体、政府、权威机构等组织的帮助，向社会公众讲明企业危机事件的真相，并正面宣传企业对危机事件的处理态度和正确做法，进而起到一个广告宣传的作用，帮助企业赢得社会公众好感，待危机事件过后，进一步提升企业的知名度与影响力。

企业危机公关广告策略主要指通过借助企业爆发的危机事件的影响力以及企业处理此次事件的方式方法，来增加社会公众对企业组织的了解，塑造企业真诚负责的品牌形象，使企业在顺利处理危机事件的同时，也能进一步提升整个企业的知名度和影响力。

企业危机公关广告策略通常不单独使用，而是多种策略结合使用。

企业危机事件往往比较复杂，因此在爆发危机事件后，企业经营管理者一般不单独选择危机公关广告策略来应对企业危机，而是配合危机公关新闻策略、危机中止策略或危机隔离策略等共同应对危机事件，这样既能提高企业处理危机事件的效率，又能将企业处理危机事件的态度与方法通过新闻媒体正面报道给社会公众，以此来实现危机公关广告的正面宣传作用，使企业顺利渡过危机。

任何企业的成功都不是一帆风顺的，在企业突然爆发危机事件时，企业经营管理者只有遵循积极的危机处理原则和有条不紊的危机处理程序，才有机会在危机事件初期，迅速反应、快速控制、勇担责任，做到及时止损；在危机事件中期，分清各类公众对象、对症下药，做到真诚与社会公众沟通；在危机事件末期，重视善后、积极行动、重塑企业形象，帮助企业更加顺利地渡过危机，走上一条更为广阔的前进与发展之路！

第 4 章

亡羊补牢，为时未晚：
积极处理经营管理危机

高速发展的经济背景下，中小企业在复杂多变的市场运作环境中面临着内外双重挑战和机遇，暗流涌动的企业危机让许多企业步履维艰，甚至破产倒闭。

中小企业要想突围发展，居安思危、亡羊补牢才是明智之举。毋庸置疑，企业经营管理成效直接关乎其生存发展，过程中难免有这样或那样的问题，给企业带来不小的损失。学会亡羊补牢，从挫折中学习，增强企业危机处理能力，才能避免以后走更多的弯路！

4.1 资金短缺可能是致命伤

4.1.1 中小企业资金短缺经不起任何风吹草动

中小企业在经营管理中资金短缺的原因多种多样。中小企业运营需要资金，自身流动资金有限，当整个市场发生流动性危机时，很容易遭受生存困境。

资金作为生产要素，必然要符合市场利益最大化需求。而中小企业的资金需求和资金供给如果达不到平衡，资金缺口也就出现了。

加上中小企业和金融机构之间信息不对等，中小企业信息获取手段落后，导致中小企业在贷款时面临更多风险。在发展中国家中，通货膨胀率普遍较高，资金求大于供，金融机构只能通过配给授信和资金投机方式予以缓解，这都导致中小企业融资"双缺口"的出现。

4.1.2　资金链是企业经济活动的血脉

> 　　李女士和江女士是一对闺蜜，也是两家企业的负责人。
>
> 　　李女士开了多家美甲店，装修精美，生意非常不错。江女士经营的家居店优雅时尚，是市里有名的热门打卡地，有格调的装修为李女士迎来更多的回头客。
>
> 　　李女士非常欣赏江女士的室内装修和设计的审美和理念，自己的三家美甲店都是由江女士负责装修和设计的。
>
> 　　一次，江女士提出要开一家分店，但是资金短缺，询问李女士是否愿意合伙经营时，李女士毫不犹豫地将自己积累的几十万资金全部投入江女士的家居分店中。没想到不久后家居行业转型升级，同质化店铺太多，竞争激烈。李女士不但深陷家居店泥潭，自己的美甲店也因为商圈升级导致租金上涨、店铺缺乏流动资金而陷入经营困境。
>
> 　　苦苦支撑几个月后，李女士和江女士的资金链都出现断裂。两人双双关闭分店，这对曾经的闺蜜也从此形同陌路。

　　资金链，顾名思义，是企业正常经营运转中以"现金—资产—利润"的形式循环，犹如链条一般不断运作的过程。

　　对于中小企业来说，资金链是其生存的第一要素。没有好的资金链，企业就无法正常运作，自然更谈不上生存发展。

◆ 持续"输血"，形成良性循环机制

资金链由资金投入链、资金运营链以及资金回笼链三大环节构成，实质上是各企业间的债权债务关系的集中体现。

资金链的三大环节

资金投入链，即企业筹集到的资金，也反映了企业筹集资金的能力。

资金运营链贯穿企业整个业务运作过程，是资金链的重要组成部分，一旦这一环节发生诸如运营资产不足等问题，整个企业涉及资金方面的业务运转将濒临崩溃。

资金回笼链，是企业现金流动"资产—利润"中增值收入的部分。当然，企业最不愿意看到的就是在这一环节中的"只进不出"或"只出不进"的现象。

"手里有粮，心中不慌"，企业要想持续生存与扩大发展，获取稳定的资金来源，拥有更多的流动资金，持续给企业"输血"，形成良性运转的资金链最为关键。

◆ 适时"止血"，防止资金链断裂

资金链是企业经济活动的血脉，如果不是因为其自身资金存在"先天性贫血"的原因，企业持续不断地"输血"，不仅成本高、风险大，更存在不可预知的隐患。一旦血源枯竭，发生资金链断裂，现金短缺，盈利转向亏损，企业又不能及时供应和筹集，势必导致企业"供血不足"，停产

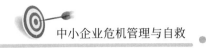

停工并走向危机，甚至破产倒闭。

值得一提的是，资金链断裂主要发生在"资产—利润"这一环节中，即运营链与回笼链在循环过程中形成的"利润"并未真正回转到"资产"中，导致回笼链出现异常状态。通常，从企业短期的偿债能力，即回笼链中即可以判断出企业资金链是否安全，如果企业现金流差，短期偿债能力低，速动比例过低，企业资金链就面临着断裂的风险。

严重亏损和不能及时偿还已到期债务是大多数中小企业被执行申请破产重组的主要原因，有很多之前运营良好的中小企业，之所以会发生资金链断裂，有一部分原因就是企业经营管理者将产品增值利润投资到房地产及其他跟企业业务无关的地方，不顾战略发展方向，盲目扩张。当利润越来越少，直至消失，投资的资金根本回不来，导致债务危机频发，但同时没有渠道筹集资金来填补漏洞的，只能靠着吃老本、向银行借贷等方式苦苦挣扎，并最终走向破产。

这一点也给企业经营管理者们有力的警醒，那就是中小企业在资金方面要学会"止血"。

规模大不等于企业强，企业经营管理者要从企业实际情况出发，不贪大求全、好大喜功

叫停与核心业务无关的项目，及时止损

重视技术研发，提升服务质量，扩大销售额，重视资金回笼

中小型企业解决资金短缺问题的对策

4.2 挽救产品质量危机，守住企业生命线

产品是企业的灵魂，一旦发生产品质量危机，将对企业的形象和信誉产生巨大影响，甚至引发灾难性的后果。从企业诞生的那一天起，各种危机就如影随形，伴随着企业的发展。当企业发生产品质量危机的时候，只有提升管理水平，及时应对，才能捍卫企业的生命线。

案 例 引 导

某家连锁网红奶茶店的生意红火，每天都有很多消费者慕名而来购买奶茶。后来，有消费者反映在该家奶茶店购买的珍珠奶茶中，发现变质发霉的珍珠（奶茶中的一种可食用配料），消费者前来店中讨要说法，并要求赔偿。该奶茶店拒不承认产品问题，认为自己的奶茶绝对不会出现质量问题，而且无法确定消费者的奶茶是否存放过久，不能确定奶茶中的发霉珍珠来源和原因，拒绝道歉和赔偿。消费者气不过，便向消费者协会投诉了该家奶茶店。

经过调查，消费者协会证实该奶茶店的奶茶的确存在质量问题，要求奶茶店向消费者和公众道歉并给予相应赔偿。奶茶店此时才低头认错，但企业在消费者和社会大众中的形象已经大打折扣。

4.2.1 产品质量危机

所谓产品质量危机，是指由于企业的产品质量问题导致消费者对产品乃至企业的信心受挫，对企业的运转和信誉产生巨大威胁的紧急和灾难性后果。

上述案例中的奶茶店在面对产品质量危机时，漠视公众利益，不愿承担责任，面对危机不重视、应对危机的方式和态度不成熟，最终付出了应有的代价。

产品质量危机有以下两种类型。

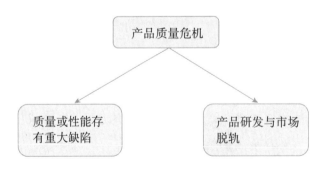

中小企业产品质量危机两大类型

第一种产品质量危机是产品质量或性能方面存有重大缺陷，导致消费者在使用中受到巨大损失，企业和消费者由此引发纠纷，导致消费者提出巨额赔偿，企业受到行政处罚，甚至被责令停产。这样一来，等于切断了企业赖以生存和延续的生命线。这种是企业质量危机中最常见的一种。

第二种产品质量危机是企业在产品的研发生产决策中，对产品把握不当，与市场脱轨，导致产品积压，为企业后续发展造成极大的困难。

4.2.2　企业应对产品质量危机的有效举措

在所有的中小企业危机中，产品质量危机是最常见的一种。中小企业应对产品质量危机的过程大致包括危机突发、危机延续以及危机痊愈三大阶段。在不同的危机阶段，企业应该采取不同的措施从容应对。

危机突发阶段：
表明态度，
探本溯源

危机延续阶段：
建立官方回复渠道，
关注舆情

危机痊愈阶段：
形象补救，
落实整改

中小企业产品质量危机处理阶段

具体来说，当发生产品质量危机时，企业可以从产品召回、抚慰受害者以及召开新闻发布会这三个方面来着手应对。

◆ 产品召回

产品召回是应对产品质量危机中最常用和最有效的手段，能在最短时间内阻止事态进一步蔓延。如果处理得当，也容易得到消费者的同情分，给消费者留下负责任的印象，对于企业形象来说，不但不会有损，甚至反而会有所助益。

产品召回的流程

一旦企业决定对产品进行召回，就要对召回原因进行说明，不要遮遮掩掩。这样做的目的是防止消费者对产品和品牌产生误解，从而保证产品和品牌继续保持正面的形象，保证企业其他产品销售不受影响，甚至在危机过后，本产品能够抵达一个崭新的销售高度。因此，企业一旦决定对瑕疵产品进行召回，就要制订详细的召回计划，并严格按照计划执行。

◆ 及时抚慰受害者

当中小企业出现产品质量危机的时候，企业不要扮演受害者角色，而要在重大事故发生，公众利益受到损失的时候，敢于及时出来承担责任，拿出资金救火，给予公众精神和物质方面的补偿。对于事件中的受害者，企业要予以真诚的歉意，做好受害者抚慰工作。对于受害者的赔偿诉求，企业要耐心倾听，达成赔偿意见，以获取公众的理解和信任，在后续的工作处理中，也要做到以诚待人。

◆ 及时召开新闻发布会

企业，尤其是知名的中小企业，一旦被曝出产品质量危机，最关心此事的人除了企业和受害者之外，往往还有新闻媒体和竞争对手。因此，在危机爆发之后，企业要第一时间查明原因，弄清真相，然后召开媒体说明会或新闻发布会。向媒体进行解释和情况说明，建议媒体在结果出来之前，谨慎地对当前情况进行客观中肯的报道，而非抓住产品或质量问题不放。

这样一来，企业就可以化被动为主动，把报道主动权抓在手里，同时也有助于公众了解产品质量危机的真实原因以及企业准备实施的具体措施。

企业发布的信息要具体和准确，并且随时准备好接受媒体和公众的访问，秉持公众利益至上原则，积极应对，这是中小企业面临产品质量危机时该有的态度和气度，也是最好的应对策略。当代新媒体信息传播能力强，信息传播快，因此企业需要注意维护好与媒体之间的关系。如果处理不好，也容易发生谣传，使企业深陷舆论漩涡。

4.3 警惕人才流失

案 例 引 导

　　T先生很有商业头脑，工作几年后有了不少积蓄，于是决定创业，他说服了自己的发小Z先生创办了WH设计公司，T先生负责公司的运营管理，Z先生负责设计。

　　T先生经常出去跑业务，谈订单，每次都能为公司带来比较大的订单；Z先生也非常敬业，认真做好每一个订单的设计工作，并邀请自己设计能力不错的学弟学妹加入自己的公司，希望他们能和自己一起干出一番事业。在T先生和Z先生的共同努力下，公司不断发展壮大，并在行业内备受认可。

　　WH设计公司发展前景良好，公司创建之初就在的几位设计师希望公司能考虑调整薪资结构，提高设计师待遇。对此，Z先生表示认可，而T先生则认为，公司的大多数盈利是由销售而并非设计带来的，几次回绝。

终于，包括 Z 先生的学弟、学妹在内的多位设计师相继被其他设计公司高薪挖走，尽管 Z 先生再三挽留都无济于事，而新招聘的设计师又对工作尚不熟悉。如此，核心设计成员的流失让 WH 设计公司连续损失了几个客户的大订单，也影响了与这些客户之后的合作。

　　很多中小企业都秉持着"以人为本"的理念，人才尤其是核心人才流失，对公司的影响是很大的。这里面既有无形的影响也有有形的影响，由于核心人才流失，很多优秀团队被拆散，一些项目无法完成，任务中断。

　　人才流失之后，中小企业要想重新培养人才，需要耗费大量的时间和精力，这就给了竞争对手迎头赶上的机会。而且人才流失会带走企业技术和客户资源，影响公司士气，这就是人才流失成为影响公司发展的危机的原因。

4.3.1　企业如何应对人才危机

◆ 培养人才危机意识

　　中小企业要进行人才危机管理，首先要树立正确的人才危机意识。人才无论在何时，都是稀缺的，技术过硬并且内心忠诚的人才更是难得。因此，公司必须将人才安全置于公司战略高度，塑造"以人为本"的企业文化，为人才制订合理薪酬，进行有效激励，帮助员工实现价值，将员工发展和企业发展进行绑定。

◆ 制订人才危机管理计划

人才危机管理计划作用于中小企业发生人才流失的时候，企业能够根据之前的计划进行反应，做到有据可循。

为了不流于形式，切实有效，人才危机管理计划只针对核心岗位和技术岗位，以及重要的管理岗位。企业应经常针对计划进行演练，对于涉及核心员工的模拟替代，需要事先对他说明，让员工明白这只是制度演习，不是担心他们真的要离职。

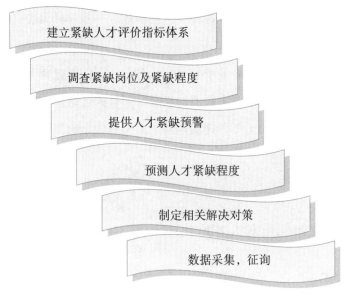

建立紧缺人才评价指标体系

调查紧缺岗位及紧缺程度

提供人才紧缺预警

预测人才紧缺程度

制定相关解决对策

数据采集，征询

中小企业人才危机管理模式

◆ 建立人才预警系统

中小企业应建立人才预警系统，设立预警指标，在日常工作中进行监测，一旦超出安全范围，立刻示警。危机处理小组则开展分析，找出原因，评估影响，做出决策。

4.3.2　企业人才危机应对

◆ 危机沟通管理

危机沟通管理在人才危机管理中有着重要意义。这项管理执行的好坏，关乎公司能否控制人才流失。

危机沟通的对象不但包括离职员工，也包括在职员工和媒体。接到员工辞职信后，企业要和辞职员工真诚交流，询问离职的原因是薪资待遇还是企业管理问题。如果员工去意已决，企业也要予以体谅，并且感谢员工对企业的贡献和付出。这种富有人情味的做法，能在很大程度上避免员工携带商业机密离开，背叛企业。核心员工离职，企业要发布信息，公布真相，表明企业态度，避免引发在职员工的恐慌和社会媒体的猜疑。把握企业信息发布权，稳定企业内部，维护外在形象。

◆ 填补空缺职位

核心职位一旦空缺，企业要立即启动人才储备，物色合适人选进行填补。

人才储备分两部分，一是内部员工，二是外部人才市场招聘。对替代性强的职位，可从人才市场随时招聘补充。对于替代性弱的岗位，则要加强企业内部员工的培养和储备。可通过轮岗的方式，让员工既适应本岗位工作，也能担任其他部门岗位，培养一专多能的人才，避免出现核心员工离职后出现岗位真空现象。

填补空缺职位的两种方式

◆ 控制危机损失

人才流失对于中小企业而言，最大的弊端是人才可能会带走企业核心技术和机密，人才危机管理的重点就是企业在员工离职前后启动措施，防止资源外流。

对此，可以创建学习型企业，通过培养企业文化和学习氛围，推动集体学习。另外，可以建立员工保密协议和信息数据库，将重要信息记录备案，将人才流失的损失降到最低。

4.4 盲目扩张危害大

如果一个中小企业不顾自身实力，为了追求企业利益最大化而走上盲目扩张之路，很容易走上关键岗位人才缺失之路，导致进退无路。

4.4.1 盲目扩张，祸起萧墙

在市场竞争中，很多中小企业想要更好地抓住机遇发展、壮大自己，但是往往陷入盲目扩大规模的误区，最显著的表现就是急于求成，在还没有找准定位、精准分析市场的前提下，盲目扩张。

一些中小企业在既缺少长远的企业战略文化，也无具体的实施步骤和措施的前提下，就开始大肆扩张。这种扩张，无疑是拔苗助长，往往会导致资本在投资的关键时刻开始退缩，在企业尚未见到回报时，资金链就已经断裂了。

还有一些中小企业原本运作良好，但企业经营管理者误判形势，开始扩张之路，在错误的判断中，中小企业凭借之前积蓄的力量，依然会在短期稳步前进，甚至有所盈利，盈利的假象让很多企业经营管理者意识不到

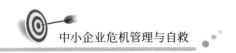

这是之前的积蓄所发挥的力量，误以为自己的扩张之路是对的，开始追加投资，持续扩张。接下来，企业规模越来越大，增速越来越快，但企业各方面的配备跟不上，开始捉襟见肘，中小企业一味贪多求大，沉迷于外界泡沫，却忽视了基础建设，导致企业身背巨债，运营困难。

危机预警

警醒盲目扩大规模带来的资金链断裂

　　扩大生产经营规模，是很多中小企业经营管理者的追求，但扩大企业规模应量力而行。

　　一些企业在创业初期抓住了市场的风口，经营情况非常好，于是开始盲目贷款、融资，急于扩大规模，但是企业自身的经营管理跟不上，或者突然遭遇市场环境的变化，大企业资金注入新行业与中小企业进行竞争，导致中小企业资金链断裂，融资对接失败，最终企业无力继续支撑而走向倒闭。

　　任何时候，企业要扩大规模，都要充分考虑资金储备是否充足和资金链是否坚实的问题。

4.4.2　分析原因，克制盲目扩张

　　中小企业之所以会盲目扩张，原因无非以下几点。

第一是很多企业家获得成功之后，就会飘飘然，认为自己无所不能，什么项目都敢投，认为自己必然会成功。

第二是随着中小企业扩大规模，有了一定现金流之后，很多地方政府就会将其作为明星企业，给予很多政策优惠。如果此时中小企业经不起诱惑，盲目加大投资，就会步上盲目扩张之路。

第三是很多中小企业行业升级速度加快，原有的落后产能已经遭到市场淘汰。这种情况迫使企业实行战略转移，开始多元化扩张。

了解了企业扩张的原因后，企业经营管理者就可以更好地结合企业实际需求考虑是否有必要进行扩张，以及如何扩张等问题。

为了避免盲目扩张，中小企业要根据自身发展情况，完善现有的企业项目和产业，加快中小企业人才和运营管理团队、企业标准化的建设。只有练好内功，才能真正走上企业发展的快车道，而不要被眼前的泡沫迷惑，踏上盲目扩张的不归路。

4.5　破解订单危机

很多企业都遭遇过订单危机，但是危机之中，有人看到危，就有人看到机。订单危机是对企业管理层的智慧的考验，也是一个加速行业洗牌，淘汰落后产能，加速产品升级的过程。

对于中小企业来说，最害怕的就是遭遇客户退单或削减订单价格等问题了，订单危机关乎利润，直接威胁企业的生产和发展。要破解订单危机，可从以下几个方面入手。

4.5.1　产业洗牌，策略为王

很多资金链断裂的企业因为储备资金少，抗风险能力差，一旦遭遇订单危机，只能关停。

中小企业要冲破订单危机，就应该认清行业变化，调整企业生产结构。越是经济低迷，市场就越需要技术含量高的新产品进行引领，这也是中小企业提高产品技术含量的窗口期。

面对产业调整和市场变化，中小企业可以打好时间差，开发新产品，抓住瞬息万变的机会，在行业洗牌完成后切入市场，迅速打开局面。

4.5.2 薄利多销，打开市场

很多中小企业在创立初期都会面临订单危机，能接到的订单很少甚至订单数为零。在这种情况下，企业可以通过薄利多销的策略打开市场，在符合价值规律的前提下降低产品价格，形成价格优势，获取更多订单。

4.5.3 抓住国家政策红利

这些年，国家对中小企业的扶持力度也进一步加大，出现了很多国家政策红利，比如改善营商环境、破解"融资难""融资贵"的问题以及各种财税政策和支持创新的政策等。

常见中小企业扶持政策

中小企业要抓住这些政策红利，主动迎合国家发展战略，瞄准国家支持的产业，这些产业往往有很大的市场，可以为企业赢来很多订单，解决订单危机。

4.5.4　优化销售管理和供应链系统

对于中小企业来说，控制成本是企业运营的核心，而要做好成本管理，最根本的是要做好供应链的管理，在源头压缩成本，才能确保在生产过程中不占用企业过多资金，缓解订单危机。

除此之外，中小企业还需苦练内功。越是压力当头，越要冷静，越是有订单危机，生意越不能停。企业可以借此机会完善组织机构，加强客户资料储备，整合供应链系统。

企业经营管理者应始终坚信，做有准备的人，才能有实力解决订单危机，才能在危机解除之后，站在风口之上一飞冲天。

4.6 处理劳资关系危机

胡某自称于 2019 年 4 月 27 日入职 M 文化公司，担任 CEO，并于 5 月 1 日与 M 文化公司签署劳动合同。但 M 文化公司断然否认这一说法，表示胡某是以公司的股东身份进入公司，双方并无劳动关系。

为确认劳动关系，胡某一纸诉状将 M 文化公司告到法院。

法院最终判定胡某的劳动合同是利用职务之便自行签订的，认为胡某凭借股东约定，在 M 文化公司担任 CEO，但双方并未就形成劳动关系一事达成一致，故而驳回胡某请求，认为胡某与 M 文化公司之间不存在劳动关系。

劳资危机不但危及中小企业正常的经营发展，也关乎我国的社会稳定状况。因此，在企业发展的过程中，一定要妥善解决企业劳资关系，构建和谐劳资关系，推动企业良性发展。

上述案例中，胡某想得到更多的收入，因此才会急于和 M 文化公司确认劳动关系。案例中，胡某作为公司股东，有担任公司管理职务的权利，符合公司内部组织管理形式。股东担任公司高管，是股东之间的约定，但和公司之间并无劳动关系。从风险角度看，胡某既然持有 M 文化公司股份并且参与经营管理，也应该能承担经营风险，如若因为公司未获利，而将风险收益转化成一般劳动者固定的劳动报酬则不成立。

中小企业应时刻重视对企业内部人员的劳资关系确立与管理，无论员工的职位高低，都应该提前明确责权并确认备案，以免造成误解或产生不必要的纠纷。

4.6.1　劳资关系危机

所谓的劳资关系危机，指的是在企业错误的经营思想和经营方式下，或者由于员工方误解、突然性地解除劳动合同等，由此带来的企业和员工之间的劳资关系纠纷的危机。

有些企业过分追求利益，罔顾经营道德，为了降低成本，管理制度缺乏人性化，甚至不惜剥削员工。时间久了，必然导致员工的不满甚至是反抗，为企业长久的经营活动埋下隐患。

由于员工方导致的劳动关系纠纷产生的危机，企业在大多数情况下是可以预料到的，对此，企业应完善日常企业管理条例，并提前制订应对方案，以防事发紧急、毫无对策。

4.6.2 六步走，轻松化解劳资关系危机

中小企业劳资关系危机产生后，企业该如何妥善应对和处理呢？推荐实施以下"六步走"策略。

健全用人和薪资制度，让员工找到上升通道

完善内部申诉机制，积极沟通

建立晋升沟通和疏导机制，减少内耗

树立社会责任意识

加强劳动法知识宣传和培训

重视人才选拔和培养

化解中小企业劳资危机的"六步走"

◆ 健全用人和薪资制度

企业可以通过完善薪资制度和绩效评价体系的做法，让员工找到上升通道，而不是让员工觉得干多干少一个样，没有发展机会。

企业要善用经济杠杆这个撬动员工积极性的利器，而不是将其束之高

阁，甚至任由其成为束缚员工手脚、阻碍员工积极性的枷锁。

◆ 完善企业员工内部申诉机制

企业可以通过设立员工意见箱、开展员工满意度调查或者与员工面谈等方式，了解员工的不满情绪，并进行协商调解。

企业应在完善员工内部申诉机制的基础上，尽量争取与产生劳资关系纠纷的当事人达成和解。若当事人不愿和解，则应尽快通过法律程序依法处理。

◆ 建立合理的晋升沟通和疏导机制

员工在企业工作，为的是赚钱养家。因此，企业要满足员工的薪酬诉求，在尊重员工的基础上，健全完整的晋升沟通和疏导机制。以制度方式减轻内耗，提升员工对企业的好感度，化解劳资危机。

◆ 加强企业的社会责任意识

企业要严格遵循国家在劳动、安全、环境等领域的法制法规，落实员工劳动保障利益，购齐五大保险，并拨出专项资金，对妨碍职工身心健康的生产条件与工作环境予以改善，化解劳资危机。

◆ 加强劳动法知识宣传和培训

发生过重大劳资纠纷的企业，往往存在重生产、轻管理的弊端，在用工管理方面弊病缠身。一些劳资矛盾本不严重，却由于处理不当，演变成重大劳资纠纷。因此，要加强法人和员工的劳动法规知识宣传和培训，尤其要提高管理层的劳动法意识，从源头上减少劳资纠纷。

◆ 重视人才选拔和培养

企业发展是要建立在人才发展的基础上的，缔造和谐劳资关系，要坚持以人为本。

企业应重视人才选拔和培养，完善人才选拔、人才培养和干部考核机制，为企业构建人才储备梯队。

4.7 制造型企业不可忽视的环境污染危机

制造型企业在创造大量财富，解决很多人的就业之外，也产生了严重的环境污染问题。制造型企业要想摆脱环境污染危机，就应该承担起相应的社会责任，把环境保护作为生产过程中重点考虑的问题，将环境责任和产品质量责任以及经营责任相结合，降低环境污染为企业带来的不利因素。

案 例 引 导

某酒精生产厂家在一次酒精生产过程中，由于员工的错误和违规操作，导致工厂内的大量工业废水排入周边的农田和附近的小河中。这些工业废水造成了严重的水污染问题，造成土地污染，农田减收。

经群众举报，环保部门查实后，该家酒精厂被要求停业整顿。这是企业环境污染危机的一个典型案例。

4.7.1 从源头上避免企业环境污染危机

◆ 坚持资源耗用节约化

制造型企业在创造大量财富的同时，也消耗了众多资源，还排放了大量废弃物。因此，制造型企业在资源消耗方面，要遵循节约化原则，企业要改进工艺，节约原料，避免使用容易导致环境污染问题的资源。

如果中小企业能做到控制资源消耗和避免工业污染，企业面临的环境污染危机就能得到有效缓解。

◆ 坚持生产活动生态化

中小企业生产活动的生态化，要求企业自觉把眼前的经济利益和长远的生态利益相结合，将自然环境当成生产力，以生态平衡制约生产活动。

中小企业要以可持续发展的思想进行生产活动，在生产中遵循自然规律，注重生态保护。发展循环式经济，既要提高资源的利用率，又要降低废弃物的排放，节约环境保护方面的费用开销，同时多生产绿色产品。

相信经过这一系列措施之后，企业一定会提高资源利用率，降低消耗，同时降低材料成本和环保费用，并且顺应企业绿色发展潮流。

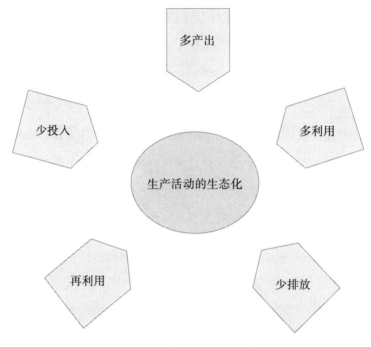

中小企业生产活动的生态化

4.7.2　企业环境危机的具体防治举措

中小企业要想彻底摆脱环境危机，归根结底，还是要建立起一套完整的中小企业绿色经营系统，思想上以绿色理念引导中小企业经营运作流程，进行可持续发展，行动中把绿色经营的策略贯穿于整个中小企业生产经营的过程，具体措施如下。

◆ 贯彻绿色经营理念，有效预防企业环境危机

第一，树立环保理念，将其纳入整个产品周期设计之中。

对生产、销售、客户使用等各个阶段及时做出环境影响评估，经济未动，环保先行，制订出环境管理、清洁生产等具体政策，设立专门的环境机构，为绿色系统制订组织保证。

第二，推动绿色消费理念，加强绿色营销。

中小企业在进行原材料和燃料采购时，应注重供应商的环保情况，促使供应商改善生产，并将针对消费者的绿色消费理念贯穿于产品的生产和营销之中。

在生产过程和消费过程中，中小企业应使用清洁能源，减少对环境的损害。在国际上，很多发达国家的人都很关注中小企业本身是否注重环保，中小企业的环保形象直接关乎客户的购买欲。因此，中小企业要坚持绿色营销战略，对产品实行符合国际惯例的认证方式。

产品销售出去后，应建立绿色回收渠道，将损耗的零件与报废的产品及时予以回收，变废为宝，进行再利用，或者由企业统一进行无害化报废销毁。

第三，坚持绿色可持续发展，提升企业环境教育。

制造型中小企业对外融资时，也要主打环保牌，以绿色可持续发展战略和先进的环保政策吸引投资者，中小企业一方面要吸引资金，扩大生产规模，另一方面也要向投资方宣传环保理念，宣传有利于投资者的环保理念。

在内部员工中开展环境教育，加强环保理念。建立环保教育与培训机制，将绿色发展理念融入企业文化，提升员工素质，减少环境污染事件的发生。

◆ 企业环境危机的有效应对

第一，采取企业污染预防治理模式，从源头减少污染物的排放，重视

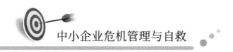

产品的生产和使用及产品废弃物处理环节。

为消费者提供无污染的产品，提高资源利用率，减少废弃物排放。开展产品周期生态化管理战略，在产品周期时间内，管控每个环节中的环境性能。调整生产结构，关停高污染的项目，减少环境危机发生的概率。

第二，提升自身核心竞争力，强化市场稀缺的资源竞争优势。

向同类中小企业学习，引入更加先进的设备和理念，建立起资源同盟、销售同盟、产品线或能力互补的资源和业务联盟。进行资源共享，风险平摊。不断调整自身的组织框架与发展结构，推出更加具有市场竞争优势的产品。

第 5 章

形象可贵，信誉无价：
妥善解决企业形象危机

企业如树，企业形象则如树冠。只有根深，方可叶茂。树冠如果能遮天蔽日，那么树根也必然坚强有力。反之，如果树冠枯黄委顿，那么树根也势必遭受严重创伤，甚至有枯萎死亡的危险。

　　在这个信息极度公开透明的时代，一条资讯可以在几秒钟内传遍世界，中小企业在市场中更要爱惜自己的形象与信誉，除了在经营管理中努力提升企业品牌信誉外，还要时刻关注产品和品牌的相关舆情，重视积极宣传企业的正面形象，如果出现负面信息应尽早发现、及时并正确做出反应和处理。

5.1　如何修复受损的品牌声誉

5.1.1　企业形象至关重要

案例引导

　　C企业以制造和销售紫砂壶为生，因产品制作精美、质量上乘而在行业中颇具影响力。

　　某年，制作紫砂壶的紫砂矿产产量急剧减少，供不应求。为了解决这一难题，很多紫砂壶的生产企业和商家开始以次充好，以普通陶土或是添加铁红粉等方法，制作出形态各异、色泽缤纷的紫砂壶，冒充原矿紫砂壶进行销售，这样的情况被媒体报道后，一石激起千层浪。很多紫砂壶爱好者纷纷表示不敢再购买紫砂壶了，紫砂壶的市场需求量大大降低。

　　面对消费者此起彼伏的质疑声，C企业联合多家企业签署《自律条约》，并公开承诺减少生产数量、改进工艺，但绝不降低质量、以次充好。

同时，C企业倡议政府支持本地紫砂壶生产工艺和保护本地紫砂壶市场经济发展，在相关部门的支持下，启动紫砂文化节，向全国紫砂工艺爱好者介绍紫砂壶的文化、技术，弘扬当地的紫砂文化，激活当地的紫砂壶生产和销售市场。

上述一系列活动挽救了C企业所在城市的紫砂壶以次充好的负面形象，宣传了当地的紫砂壶工艺与文化，和C企业一样的紫砂相关企业又重新恢复了活力。

◆ 什么是企业形象危机

随着商业浪潮的逐步兴起，中小企业间的竞争日趋白热化。中小企业为了达成其战略目的，实现发展愿景，都渴望具备好的企业形象，对中小企业形象危机畏之如虎，甚至谈之色变。那么，何谓企业形象危机呢？

企业形象危机指的是企业在经营管理运行过程中，由于内部管理或者操作不当或者被他人误解、诬陷等行为，导致企业威信受损、公信度降低，甚至名誉扫地的危机。

任何企业在发展中，都有可能会遭遇企业形象危机。

企业形象危机可能因产品质量问题、劳资和法务纠纷、重大安全事故、诚信等多种因素引起，但凡其中一项被曝光后，都会在一定程度上给企业声誉带来挑战。

企业形象危机如果处理不当，将对企业存续产生重大影响，是否能保持企业良好的形象可谓是企业生死攸关的大事。

企业形象危机的成因

◆ 企业形象危机的特征

企业的形象危机一般有突发性、时效性、危害性等特点。

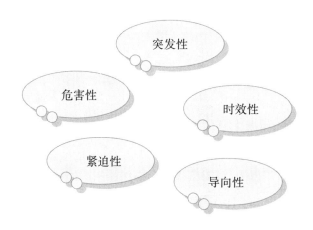

企业形象危机的五大特征

突发性，即企业形象危机多数是在企业没有准备的情况下突然爆发出来的。

时效性，即企业形象危机在爆发后的短时间内对企业的影响及危害可谓立竿见影。

危害性，即企业形象危机对企业正常经营管理活动中所造成的伤害会

在不同程度上威胁到企业的生存及发展。

导向性，媒体在企业形象危机中起至关重要的作用，媒体的报道及观点大多数时候会左右消费者的消费行为。

紧迫性，这是针对企业管理决策者来说的，一般体现在决策者需要在短时间内对企业形象危机做出正确判断和处理等。

◆ 企业形象危机的分类

企业形象危机有内部危机和外部危机两大类，在这两个危机大类下还可以进行进一步的细分。

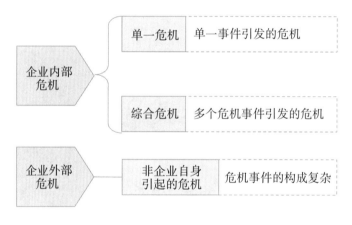

企业形象危机类型

企业内部危机是由于企业自身经营管理运营中存在的问题所引发的一系列企业危机，按照事件来说，又分为单一危机和综合危机。单一危机即由某一事件造成的企业危机，诸如安全危机、食品危机等；综合危机是多个危机事件所产生的不利于企业管理的因素，是由多个单一危机事件所组成的综合危机状态。

企业外部危机即由企业所依存的外在环境，如社会环境、市场环境、政策环境等发生变化而引发的企业危机，如政治危机、自然危机等，通常，这一危机易产生关联危机，其构成相对于内部危机来说更加复杂。

5.1.2　三管齐下，时刻维护企业形象

在瞬息万变的商场，若想处于有利地位，让企业航向不发生偏离，一直行稳致远，就要做到以下三点。

加强安全防范，杜绝企业危机出现

直面企业危机，尽快修复企业受损形象

聆听公众合理需求，找到解决方法

维护企业形象的举措

企业危机并不是洪水猛兽，往往经过有效处理之后，企业形象不但不会受损，还会因为企业在修复形象的过程中所展现的敬业和担当让企业发展更上一层楼。

◆ 防患于未然，杜绝企业危机出现

现代商场瞬息万变，中小企业很难防范所有的危机，但绝大多数危机

事先都有苗头，可以加以预测防范。

　　具体来说，中小企业的决策者要对企业的管理了然于胸，知道危机可能发生的范围和关键点，找出并排除危机的潜在因素，并将此内容形成规范条文，在管理层乃至员工中传播开来。企业经营管理者在制订和执行经营管理计划和公关计划中，要讲明中小企业发展过程中可能出现的危机，明确各部门职责，共同组建企业发展防火墙，把危机扼杀在摇篮之中，避免出现企业形象受损的情况。

◆ 直面危机，化被动为主动

　　危机开始的时候，往往问题较小，不易引起中小企业重视，甚至不容易被发现。但是，一旦任由危机蔓延开来，就会形成星火燎原之势，这就会对中小企业造成致命一击。

　　中小企业往往危机意识不足，对危机发展更缺少预见性。而消费者维权意识日益成熟，加之网络媒体推波助澜，公众对企业的监督可以说无孔不入。此时中小企业如果继续选择冷处理，对危机放任自流，公众会觉得企业对消费者不够重视，效果往往适得其反。

　　因此，中小企业面对形象危机时，要保持头脑冷静，变被动为主动，积极采取措施控制局势，切忌推诿责任，放任事态发展。

◆ 聆听公众合理需求，找到解决办法

　　对于一个中小企业来说，如果只有销售部门而没有投诉处理机构，不配备优秀的危机公关处理专家，这样的企业恐怕难以持久发展。

　　中小企业的形象危机一旦出现，公众往往以各种途径和方式宣泄不满，对企业进行批评甚至是攻击。

面对汹涌舆情，中小企业要做的不是辩解，而是耐心听取公众的诉求。要学会站在公众立场考虑问题，态度要谦和真诚，以获取公众的谅解，缓和尖锐对立的情绪，从而妥善处理矛盾。

同时，专业的公关工作要交给专业的机构去开展，对本行业的投诉进行内容收集，调查投诉的内容，找到其规律，进行及时处理，同时建立投诉档案，保持与投诉人的联络，找到妥善的危机处理方法。

最后，查清事实真相，找到主客观原因，确定事件性质，提出解决方法，最终化解企业形象危机，也为企业的后续发展储备宝贵经验。

危 机 预 警

中小企业出现危机如何面对消费者质疑

消费者质疑产品并不可怕，产品尤其是新产品投放市场，有一个适应的过程，难免会遇到各种水土不服的问题。

面对新产品上市出现的各种问题，中小企业应第一时间进行说明，或是请研发主管进行产品使用说明和示范，在消费者中塑造出一个负责任、不断进行自主研发产品的企业形象，会将危机转化成机遇，将危机转化为一次为企业宣传的绝佳机会。

中小企业的产品一旦遭受消费者质疑，企业就要在第一时间出来进行解释，而不能态度消极，甚至推诿塞责，否则会让消费者认为其店大欺客，缺乏解决问题的诚意，也容易将事态扩大，引起众怒，让小问题酿成大错误，以至于难以收场。

5.2　失去诚信，企业将失去什么

5.2.1　企业失去诚信，也就失去了立足之本

案例引导

　　某地有一家食品公司，是一家闻名遐迩的老企业。但某年中秋，其生产的一款月饼被人曝光是采用元宵节的元宵陈馅做成的，当天下午，所有的月饼就被查封。半年后，该公司提出破产申请，公司多年基业毁于一旦。

　　常言道"人无信不立"，对于中小企业来说更是如此。一个中小企业失去诚信，就如同一条河流失去源头活水，一个人失去自己的灵魂。

　　在现行的市场经济体制下，法律和信誉是维持市场运行的两大基本机制。如果中小企业缺少了诚信，必然影响其生存和发展，轻则动摇企业发展的根本，重则损害社会经济的良性发展。

中小企业的诞生需要千锤百炼，口碑的塑造更需要天长日久的积累。如果不讲诚信，一旦走上企业失信的断崖，企业就会在激烈竞争的市场中一败涂地，最后只能黯然退出商场。

中小企业是民营企业中最具活力的部分，也是和国计民生关系最紧密的部分，关系千家万户的日常生活。商业法律的基础，是中小企业对诚信的履行，如果中小企业不重视信誉，屡屡踩红线，影响的不但是企业自己的发展，更是践踏了国家的法律。早在 2014 年，据相关数据统计，我国每年因诚信缺失而造成的经济损失高达 6000 亿，假货横行造成的假冒伪劣产品市值高达 1300 亿，直接税收损失 250 多亿元（中国经济网．发改委田锦尘：每年因诚信缺失造成经济损失超 6000 亿，2014-07-09．http://finance.ce.cn/rolling/201407/09/t20140709_3126570.shtml）。可见，中小企业失信不仅造成经济损失，还会腐蚀国家经济的健康肌体。

企业失信，牵一发而动全局，因此中小企业要将诚信摆放在企业经营理念的首位。

5.2.2　企业失去诚信将寸步难行

中小企业诚信缺失，不仅会影响企业自身的发展，也会对其他企业造成错误示范，扰乱市场环境。具体分析如下。

◆ 企业融资难度加大

中小企业在早期创始阶段，产品往往不受市场认可，资金链也相对薄弱。为了存活下去，或为了开疆拓土，偿还债务，就要通过融资的方式来

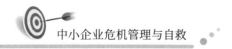
筹措资金。

如果企业有良好的信誉，投资者信心加大，投资者投资风险较小，要求的回报也小，企业融资成本就能得到有效降低。反之，企业信誉较低，投资者顾虑重重，投资风险大，要求回报也水涨船高，企业融资难度就会加大。

◆ 企业的竞争力降低

如果中小企业诚信缺失，在消费者心中的公信度就会一落千丈。即使此时企业放低姿态，消费者也依然不会买账。这样就导致中小企业缺少与消费者斡旋的底牌，而中小企业为了弥补诚信缺失的不利影响，必然会采取降价的方式迎合消费者，导致利润降低，竞争难度加大。而同行则会趁机进行反超甚至吞并信誉不佳的企业，导致中小企业多年经营毁于一旦。

◆ 企业的正常经营受到影响

以产品假冒和商标侵权为例，这样的行为，一方面严重影响了其市场口碑。另一方面，中小企业为了澄清自己，也不得不组成专门的维权班子，或是陷入与对方的官司拉锯战之中，造成大量人力物力的浪费。

◆ 影响社会经济生活

从长远来看，中小企业失信，还会殃及社会经济生活。在正常的经商活动中，为了防止中小企业失信情况出现，交易者只能放弃信用支付手段，采取现金交易甚至是以货易货的方式。这种方式，对买卖双方的情感都会造成伤害，而且也势必延缓了市场效率。

5.3 如何应对知识产权危机

有一家名为"小海鲜"的火锅店，经营良好，后来发现市里新开了一家叫"小河鲜"的自助餐厅。

"小海鲜"火锅店认为"小河鲜"侵犯了自己的商标专用，就一纸诉状把"小河鲜"告到法院。法院审理后，判定"小海鲜"火锅店败诉。一审判决后，双方都未有异议。

在知识经济席卷而来的今天，人们对知识产权的保护意识日益增强。

上述案例中，小海鲜的知识产权维权意识高，值得称赞，但也存在对知识产权认识不清的问题。知识产权固然需要保护，但也不能滥用。

市场中，的确存在一些企业过度维权的行为，它们或是对知识产权认识不清，或是故意排挤同行，想要排挤业内其他竞争者，甚至不惜利用职权，试图垄断行业和某些领域。这种行为与国家保护知识产权的初衷，以

及维护企业合法权利和推动社会创新的宗旨背道而驰,是不受法律保护的。

5.3.1 常见的知识产权危机

中小企业面临的知识产权危机日益增多,归纳起来,可分为以下三种。

常见的三种知识产权危机

我国中小企业突飞猛进的发展过程中,伴随着层出不穷的国内不法企业和个人知识产权侵权事件。

最常见的情况是,中小企业在运营过程中,经常遇到自己的店名和产品受到知识产权侵害的碰瓷行为。几乎每年,各地都能查获大量假冒的名烟名酒、生活用品,或者是企业商标遭到模仿甚至是抢注,以及企业的经营理念、活动创意、各类 logo、宣传片等遭到恶意抄袭和剽窃,等等。

还有一种情况是,中小企业资金有限,缺乏产品研发自主创新能力,于是就大肆采取"拿来主义"政策。抄袭他人产品设计,改头换面,上市销售。

种种侵权行为,既是不尊重企业合法劳动的行为,也是对他人智力成果的野蛮盗窃，给被侵权的企业造成了恶劣影响。

国内知识产权侵权的四种类型

当下我国中小企业面临的知识产权问题是拥有的自主知识产权较少，而且知识产权保护意识淡薄，方法较为欠缺，加上中小企业经济实力薄弱，即便发生知识产权侵权，也往往选择打落牙齿和血吞，无力通过法律程序旷日持久地打官司维权，为企业讨回公道。而这样一来，更加助长了那些侵害他人知识产权的不法企业和个人的气焰，使其更加肆无忌惮，手法也更加多样化，使中小企业知识产权危机陷入被侵权—无力维权—受到更多侵权—发展步履维艰的怪圈之中。

5.3.2　如何有效应对中小企业知识产权危机

中小企业知识产权纠纷，直接涉及的是侵权者和被侵权者的利益。以下建议可以帮助中小企业有效应对知识产权危机。

第一，中小企业应重视自身技术的提升，可以通过技术创新来提高企业竞争力。

第二，提升中小企业经营管理者对知识产权的保护和管理的意识，要认识到保护知识产权是提升企业绩效的有效方法。

第三，企业经营管理者要在技术人员内部加强知识产权培训，学会利用相关法规保护企业的知识产权成果。不断更新知识产权意识，认识到知识产权对企业生产力的推动，鼓励员工加快企业知识产权创新发展步伐。

第四，配备专业人员，对知识产权档案进行管理，定时进行评估核算。根据具体的战略目标，将知识产权融入企业的科研和管理环节，真正发挥其作用。

第五，与其他企业进行合作，彼此之间加强良性互动，彼此监督，减少知识产权侵权事件的发生，建立与知识产权相关的法制意识和预警机制等。

特别需要提醒的一点是，一旦出现知识产权危机，应及时启动危机机制进行补救。

5.4　无处不在的网络舆论危机

对于现代企业来说，网络舆论危机是悬浮在头上的达摩克利斯之剑。网络舆论危机的放大离不开网络传媒，实施危机公关也同样要借助传媒的力量，依托网络平台。企业要想化解网络舆论危机，就要做出必要的"澄清"和"改正"，这些都要通过网络发声告知公众，才能扭转战局。

5.4.1　企业如何化解网络舆论危机

◆ 遵循 24 小时法则，及时表明态度

企业在进行危机公关时，有著名的"24 小时法则"，意思是企业要在 24 小时内公布事件的处理结果。如果超出这个范畴，就会形成企业和公众间的信息真空，导致误会横生。

危机公关的传播，原则上必须做到稳、准、狠，因此就诞生了危机解决的两个最佳时刻：发生的第一时间，以及事件真相调查清楚时。

危机发生的第一时间

事件真相调查清楚时

危机解决的最佳时刻

对于中小企业来说，危机发生之时，公众从企业方得知事件、公众从消费者或媒体得知事件，这是两个不一样的信息获取渠道，前者让企业在危机处理中更能掌握主动权。一旦发生舆论危机，企业要稳住重心，第一时间冷静分析，做出判断，为事件定性并敲定企业公关的原则立场和方案与程序；安抚事件的受害者，降低影响，避免火上浇油。

另外，很多企业在危机发生之后往往存在一个错误的认知，即在危机事件的始末调查清楚时，企业大概率会弱化和回避这些错误，为了不暴露企业的错误操作，很多企业往往不是及时澄清事实，而是想方设法地对真相进行掩盖。试想，如果企业对媒体避而不见，反而更容易让媒体做出各种揣测，让事态朝向对企业更不利的方向发展。

正确的举措是，企业要在最短的时间内，根据已掌握的信息和企业危机管理方案，及时召开新闻发布会对公众进行说明，阐述企业立场，争取媒体和公众的支持。

◆ 掌握说服技巧，消除信任危机

企业在面对网络舆论危机的时候，如果中小企业负责人及时出面，往往能力挽狂澜，挽回很多不利影响。尤其是危机尚未完全发酵之前，作用更明显。

◆ 统一口径，一致对外

面对网络舆论危机的骤然来临，很多中小企业内部都会陷入混乱，信息交杂，难以形成有效的危机传播。在危机公关中，应由专门的新闻发言人负责与外界沟通，只有他才能代表企业，他的话才是企业最终决定，才是新闻媒体公开披露的内容，除了发言人之外，其他人都无权代表企业发表意见，只能服从新闻代言人的权威。

在面对媒体的时候，必须形成及时有效的应对，统一口径，将需要宣传的公关信息及时、公开发布，达成有效的对外沟通渠道。从而避免危机降临的时候，中小企业对外宣传的混乱和无序，以及由此可能引发的公众猜疑，便于企业进行危机公关。

◆ 正确选择媒介，有效遏制危机

中小企业媒体危机公关中，媒体的选择决定危机公关的成败。按照事件大小和危机的严重级别，主动出击，选择与当地权威门户网站媒体进行合作，发布后续报道，会给人们留下坦诚面对、敢于担当的企业形象。

5.4.2　企业如何应对网络舆论危机公关

对于网络舆论公关来说，方法很多，但试图通过欺骗受众来解决危机的公关，无疑是其中下下策，不但于事无补，反而会伤及自身。网络舆论公关的首个技术手段，就是消减网上相关信息的信息量，从而转移公众注

意力，避免危机进一步扩大。

屏蔽和引导搜索引擎

置顶推送企业正面信息

还原事件真相，态度诚恳

企业应对网络舆论危机的举措

◆ 屏蔽和引导搜索引擎

互联网时代，之所以能做到信息实时传播，主要是由于搜索引擎的发达。网民通过搜索引擎搜索关键词，能够得到其他渠道的同一个关键词的信息。关键词在搜索引擎上的查询结果数量，关乎该关键词的热度和关注度。

事实上，与公关公司合作、进行门户网站屏蔽搜索引擎的方法，就可以降低企业新闻作为热搜出现的概率，屏蔽或减少搜索引擎弹出的相关网页，从而降低事件的热度，减少危机事件被大众搜索的机会。

◆ 置顶推送企业正面信息

有些中小企业资金有限，只能采取找人删帖，或者屏蔽搜索引擎的手段，技术含量较低，手法落后。

对于一些实力较为雄厚的中小企业来说，可以升级技术，优化自己的搜索引擎，并积极与搜索引擎运营商进行沟通，减少负面信息的排位，将企业的正面信息和最新资讯排到前列，避免对企业不利的舆情进一步发酵。

◆ 还原事件真相，态度诚恳

纸里包不住火，任何网络舆论公关手段都是粉饰太平之举，无法掩盖企业经营方面的重大失误。只有直面现实，不试图逃避和推卸，才是危机公关的核心。中小企业只有坦诚面对失误，摆出对消费者负责的态度，争取谅解，才能取信于人，从而真正解决问题。

危 机 预 警

企业高层应重视危机公关

在企业的危机公关期间，如果新闻发布会中出现企业高层人物，往往会带给媒体和公众企业负责任的好感，也容易赶在危机尚未彻底恶化之前扭转事态发展方向。

对于企业来说，高层出面是企业成本最低而危机公关效果最好的方式，往往能起到出其不意的效果，实现危机处理进程临门一脚的角色。反之，如果高层不重视、态度不诚恳，那么就会给大众留下非常糟糕的印象。

5.5 明星代言"翻车"，如何挽救企业形象

案 例 引 导

> 某企业主营美妆产品，因企业领导特别喜欢某男演员，故而找到该演员来代言产品，但因企业的美妆产品与男演员的气质形象不符，代言人所代言的产品市场反馈平平，并没有收到良好的代言效果。

为了更好地进行宣传，很多企业会选择明星代言的方式扩大企业和产品的群众基础。然而明星代言并不是万能的，这些年屡屡传出的明星代言"翻车"事件，就将企业和明星一起推上风口浪尖。

资本驱使下，代言市场日益庞大，企业需要依靠明星引流、获得消费者的关注，明星也乐于从代言产品中获利。在这场角逐中，品牌为了收割流量，抢占头部艺人，拓宽品牌知名度，为品牌形象赋能，但企业选择明星做代言，需要慎重选择。

5.5.1　一损俱损、一荣俱荣的企业和代言人

正如公众所看到的那样，企业和代言人之间，有着一损俱损、一荣俱荣的捆绑关系。一旦代言人翻车，对企业来说，及时灭火关麦，降低曝光度，是一种较为合理的公关策略。

以娱乐明星、歌手、演员和网红所组成的明星群体，作为最受整个社会瞩目的阶层，以其强大的粉丝效应，在粉丝中具有强大的号召力和辨识度，对于提升企业形象来说，是再好不过的工具人，历来是各大商家争抢的对象。粉丝往往由于喜欢某一个演员，爱屋及乌，购买其代言的商品。这样一来，演员得到了代言费，企业也得以提升在消费者心中的地位，可以说是皆大欢喜。

对于企业来说，想在消费者心中奠定对品牌的认知，邀请明星代言是一个相对易行的方式。明星在粉丝的心中，大多形象正面。如果聘请其代言，就会让消费者觉得这个慧眼识人的企业也是一家形象正面的企业，值得信任，从而改变对品牌的认知。

而明星代言人如果"翻车"，也必然导致企业品牌形象跟着跌入谷底。导致消费者抛弃明星代言人的同时，对企业形象的看法也由正转负。

5.5.2　企业如何面对明星代言"翻车"

在诞生无数传奇的商业社会，没有人知道，企业爆火和"翻车"，哪一个会先来。那么，该如何选择企业代言人呢？以下以明星代言为例进行阐述。

在娱乐圈，流量明星的推陈出新速度越来越快，流量造假的情况时有

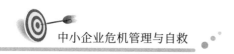

发生，企业贸然启用流量明星风险较大。

常言道，粉丝行为，偶像买单，粉丝文化也是泡沫居多。很多时候，粉丝狂热，并不等同于购买力高，更不等于他们追的明星商业价值大，反而会由于粉丝过分狂热，招致路人反感，导致企业成为"只有××粉丝支撑的品牌"，使企业受众过于狭窄。也容易发生意外事件，造成偶像失格，人设崩塌。

享受明星代言人带来的流量红利的同时，企业也要做好应对，做好一切可能发生的"黑天鹅"事件的心理准备。一旦出现代言明星"翻车"，身处舆论旋涡的企业，一举一动都饱受质疑，因此不要企图蒙混过关，企业要及时启动对于外部受众的危机公关。

一方面，公开真相，积极面对危机，向媒体和消费者对代言明星引发的危机进行说明和解释。

另一方面，与媒体、消费者进行良好互动的同时，关注网友反馈，配合媒体进行后续的报道，以最坦荡的态度赢得公众的支持和谅解。

5.6　巧妙化解顾客投诉危机

5.6.1　守住客服第一道防线

客服这个岗位，可以说是企业的第一道防火墙。客户遭遇问题的时候，第一个要寻求帮助的对象就是奋战在一线的客服人员。客服耐心细致地处理客户的投诉，帮助客户疏导情绪，尝试寻求解决问题之道，这样做无疑是符合企业发展利益的，是以最低的成本，博取最大的收益。如果客服站好第一班岗，那么就算不能全部解决投诉问题，也能解决绝大部分，被筛选下来的投诉，只是之前投诉危机中的冰山一角。这也是绝大多数企业应对投诉型公关危机的常见应对方法。

采取符合企业投诉公关危机的应对之道

这世上绝无一家企业只需进行销售，而无须面对客户的投诉危机。企业应对客户投诉的作为，也是检验一家企业危机公关意识的试金石之一。

在互联网浪潮的推动下，各类信息的获取日益简单。消费者的消费理念日趋成熟，维权意识也日益提高。企业无分大小，在面对消费者利益受损的问题上，如果试图牺牲消费者权益来维护和保全自身利益，只会得到客户的不满与投诉，酝酿出更多的舆情，甚至引发重大的投诉公关危机，最终导致客户流失。

那么，企业在面对顾客投诉危机时，要怎么做才能既化解危机，又让顾客得到满意的答复呢？

通过大量实证研究，不难发现在整个危机演变过程中，公众的情绪在推动危机进程中起到推波助澜的作用。舆情并不能引导公众去辨明是非，需要企业采取恰当的方式去引导公众转变情绪，让事态朝着对企业有利的方向发展，这才符合企业投诉公关危机应对之道。

那么，为了避免投诉事件对企业形象的损害，保障市场营销活动顺利开展，企业面对客户投诉危机公关的时候，该如何正确引导公众情绪呢？

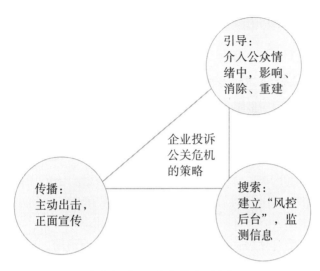

企业投诉公关危机的应对逻辑

5.6.2　学会介入公众情绪

企业介入公众情绪，大概能分为影响、消除、重建三大步骤。

第一点是影响，通过第三方的平台进行发声，以一种更温和公允的态度，传递企业的真实态度，获得公众谅解和支持，让公众更能接受。

第二点是消除，找到危机的传播者，消除危机根源。或通过一些方式方法，将公众的注意力转移到其他地方，等待事件冷却，为企业危机公关争取时间。

第三点是企业通过一些方式，重建受损的企业形象，重建与消费者之间的信任，重建企业的声誉。可以通过参加一些社会公益活动，以及免费赞助的方式进行重塑。

5.6.3　建立企业"风控后台"

　　企业在运营过程中，会遇到各种风险，因此企业需要建立风险识别机制，规避风险。企业的初衷也不允许侵犯消费者权益和违规运营等行为发生，但是企业的规定都由人来执行，执行者在实际操作过程中不免犯错。因此应建立"风控后台"，监测网络社交媒体上的信息，了解到公众的声音。

　　企业可以下载专业的舆情软件，跟踪用户对品牌正反两方面的评价，一旦发现异常及时预警，排除危机，及时缓解公众情绪，不煽风点火，从而避免投诉，提高企业应对与预防危机公关的能力。

5.7 面对媒体的负面报道，企业该如何应对

如果一家中小企业突发事件或曝光丑闻，公众的好奇心便会被激起。为满足公众心理，媒体也会蜂拥而至进行报道。这时，中小企业越想掩盖事实真相，兴奋的媒体就越会想方设法曝光负面丑闻，甚至会发挥想象力，将新闻撰写得过分夸张。

5.7.1 明智应对企业负面报道

中小企业面对媒体的负面报道，可以采取以下方式明智应对。

◆ 冷静应对，不发生正面冲突

中小企业面对负面报道时，要谨言慎行，切忌与媒体发生正面冲突，再三斟酌后再发声，因为这时的回应已经不是代表个人，而是代表企业。

在社交媒体的影响力日益提升的今天，即便在社交媒体发声，也需再

三斟酌，避免发表不当言论和有歧义的言论，避免让社交媒体和社会大众对企业方发布的信息产生不必要的误会。

◆ 放低姿态，海纳百川

中小企业被媒体进行负面报道的时候，自己的姿态要放低，但不要试图遮掩。因为企业越是遮遮掩掩，越让人怀疑是此地无银三百两。倒不如坦诚面对，大方认错，反而更容易获得谅解。

◆ 强化自身，提升影响力

一个中小企业负面消息缠身，抛却自身存在的问题不谈，企业内部的正面声音的缺失也是一个原因。中小企业危机事件发生的时候，企业要及时承认错误，不断自我修正，完善自身。从源头堵住负面消息传播渠道，完善自身管理，让正面声音充斥在企业之中，修复中小企业在公众面前受损的形象。

及时沟通能够减少很多人与人之间的误会，中小企业处理负面报道时更是如此。危机公关处理得越及时，损失越小，越容易挽回企业形象。中小企业通过提升影响力，用公信力回击流言，用一直以来的正面形象，重新赢回企业的话语权。

5.7.2 企业在面对负面报道时的公关处理

◆ 要求纠正或撤销失实报道

如果中小企业确实掌握了充分证据，可以要求媒体撤稿，或对原稿进

行订正，并发布声明。网络媒体通常有多个账号进行新闻同步，因此要让对方在多个平台发布声明，并进一步要求他们将此存入媒体档案。这样处理的好处在于，下次媒体对同一题材进行报道需要查阅文档，能够及时看到更正后的报道，避免继续犯错，继续释放错误信息。

◆ 刊登后续报道

如果报道中有失实内容，或者带有有色眼镜，可要求媒体刊登后续报道。同时配合媒体，提供第一手资料，帮助媒体联络当事人进行采访。引导全新角度进行创作，这样不但能挽回败局，甚至能写出对企业有利的新闻稿。

◆ 要求媒体赔偿和道歉

一般来说，企业形象需要自己维护，也需要媒体维护，因此，企业，尤其是中小企业尽量不要与媒体交恶，良好的媒体关系是后续公关顺利开展的必要条件。

但是，如果媒体恶意揣测、言论映射，极大损害了企业的良好形象，为了维护品牌声誉，必要时应要求媒体方进行公开道歉，甚至进行赔偿。当然，这种极端案例很少会发生。

一般来说，与记者本人沟通中，对方发现不妥，进行私下道歉，或者由主管出面对企业方发道歉函，都是私下处理的方式。

如果事态并不严重，对中小企业形象也无太大影响，一般不需要进行这一步，毕竟企业要宣传，还需和媒体形成良好关系。通常不建议和媒体交恶，也要适当得饶人处且饶人，给彼此一个台阶下。但如果事态严

重，影响到企业形象，为了维护企业形象，就要让媒体进行公开道歉甚至赔偿。

总之，如果非必要情况，不必将事态闹大。宽容处理的好处还有一个，媒体方会感恩于心，可以借机与媒体建立良好的合作关系，方便将来为企业方提供更多的公正报道，而且就算再次有负面事件发生，媒体方也会主动联系企业进行核实和交涉。

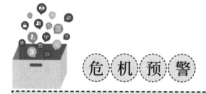

危 机 预 警

不盲选明星合作者

很多企业都免不了遇到危机公关，明星投资企业更是如此。明星企业一旦陷入危机，公众的情绪很容易被点燃。此时，如果明星亲自澄清，以自己的公信力化解危机公关，将会事半功倍。

但实际上，并不是所有明星都善于化解危机。中小企业联合明星，借助明星的流量想要做强做大，不仅仅要看合作对象是否有"热搜体质"，还要认真考虑合作对象的人品、经商才能、情商等多种因素。

第 6 章

因势利导，乘势而上：
从容应对外部环境危机

处于摸索前行中的中小企业，难免会遇到外部环境变化带来的危机，使企业遭受重大挫折，如原料价格上涨、市场环境变化、自然灾害等，一些中小企业缺乏外部环境危机处理经验，常常陷入混乱；一些中小企业应对及时、措施正确，可挺过难关，更进一步。

　　外部环境引发的危机往往是一些突发的、不可控的。因此，中小企业对此要重视起来，积极且及时地处理问题，勇往直前，让企业尽快从危机中摆脱出来。

6.1 经济危机之下，中小企业该如何自处

在市场竞争中，中小企业的发展一定比大企业差吗？未必。

中小型企业是一种有一定生产规模，在劳动力、生产力等方面集中程度较高的企业。

中小型企业是市场经济中活跃的主体，对国民经济和社会的发展都有重要意义，是国家高度支持的对象。

中小型企业在经营和管理上有很多优势，如决策快，投入成本及涵盖风险较低，对市场的反应更敏锐，执行力强，因此在面对市场环境变化时，决策执行更灵活。

综合以上几点来看，中小型企业的发展前景广阔，未来发展未必比大型企业差。

然而，中小企业应对风险、危机的能力的确比大企业要差一些。

中小型企业很容易暴露出一些发展中的问题，如资金链断裂、员工离职、客户流失、领导者专权等。因此，中小企业懂得如何在经济危机下自处是非常重要的。

6.1.1 保证充足的资金

A企业是一家创办多年的中小型规模的非学科类教育培训机构，自创办以来一直有着不错的师资和生源，所以经济收益也在当地教育培训机构中算是不错的。然而，近两年网络课程越来越火爆，传统教育培训机构中的教师也纷纷跳槽，挑战更具有新颖性的线上授课的形式。在大环境影响下，A企业想要与时俱进地开拓线上教育，决定尝试线上授课的教学模式。

A企业试图找到顶级的技术人员、优秀的设计者、资深的营销团队来帮助自己。然而，计划刚开展到一小半就遇到了一个严重的问题，同行业的知名教育机构发布了一款教学App，该教学App与A企业正在开发的教学App非常相似，如果A企业继续开发自己的教学App，即便开发完成也不具备与大企业竞争的优势，同时已经错过了在市场上抢占先机的机会。而公司为了设计教学App已经投入大量的资金，资金链面临断裂，项目只能被叫停。

A企业在启动新教学App项目前没有做好预算和规划，将大部分钱都花在了前期的程序设计中，没有预料到大企业的突然介入。

大企业的突然介入、A企业自留资金的不足，导致A企业陷入僵局。

资金是企业正常经营下去的基本保障，没有资金就建不成扎实、稳固的企业团队，更没有办法引来无数学生的注意。

一个企业的资金是否充裕也决定着企业在未来是否有更大的发展潜力

和空间。也就是说，即使经济危机、行业变革来势汹汹，资金充足的企业也能泰然处之。

虽然 A 企业的动机很好，也希望开启新的项目吸引更多的生源，但因为资金储备不足导致计划没有改变的余地，无法继续执行下去。试想，如果该企业事先做好统筹工作，预备充足的资金，那么即使遭遇大企业介入，也还有回旋的余地。

在发生经济危机、行业中的企业均"另寻出路"的大背景下，市场大环境不景气，中小型企业转型另寻出路是非常积极的应对措施，但是一定要先保证自己有充足的资金。

企业内部要划清责任，制定严格的审批制度

做好投资前的决策与实施投资项目的管理工作

积极开发新产品，淘汰过时的产品，减少积压资金

建立严格的企业资金管理制度

中小型企业解决资金短缺问题的对策

6.1.2　强化核心竞争力

对于企业而言，要想在经济危机之下不被淘汰，必须注重对企业核心

竞争力的强化。

　　企业的核心竞争力是企业的决策力，其具体指企业在经营过程中的判断力、创新力、文化力及亲和力。确切地说，企业的核心竞争力是企业在长期的经营中逐渐形成的，蕴含于企业中，具有独特性，可以支撑企业过去、现在及未来发展的，并能在竞争中让企业长时间处于优势地位的一种能力。

　　对中小型企业来说，强化核心竞争力是使其长足发展的关键。中小型企业可以通过以下手段强化自身的核心竞争力。

强化企业核心竞争力的手段

6.1.3　合理用人

　　许多中小企业都是靠业务起家的，平时将更多的精力放在占有和扩张市场上，于是忽视了对企业管理人才的开发和培养。另外，还有一些中小企业根本不知道如何管理员工，不懂得如何用人。因此，企业建立健全的用人机制是长久发展的必然趋势，更是化解危机的重要方式。

建立健全的评价体系

找对人，满足岗位需求

用对人，避免人才浪费

建立健全的用人机制

6.1.4　调整营销策略

营销策略是企业根据客户的需求，有计划地组织的一些营销活动。从宏观上说，主要的市场营销策略有以下四个。

价格策略：定价

产品策略：包装、设计、颜色、款式、商标等

渠道策略：直销、分销、经销、代理等

促销策略：促销手段，如折扣、返现、免费体验等

市场营销的主要策略

企业可以根据自身的情况调整营销策略，找到更适合自己发展的营销手段，帮助企业尽早摆脱困境。

6.1.5　果断决策，将损失降到最低

　　如今，人们的生活水平逐渐提高，加上生活节奏越来越快，很多人都喜欢去饭店吃饭，尤其在一些重大节日里更是如此。

　　A店是一家规模不小、口碑不错的餐饮服务企业，每年的重要节日特别是春节总会人满为患，甚至不少顾客会提前一个月就开始预定席位。

　　意想不到的是，接近年关，正当A饭店已经一切准备就绪，正要满心欢喜地迎接客人时，该地区突然出现了严重的禽类病毒，隔壁的餐饮店恰巧引进了一批带有病毒的鲜肉，致使A店遭受牵连，必须歇业接受检查、整顿，再恰巧赶上春节临近，A店将近一个月无法开店迎客，一时不知道如何是好。接着便迎来各种棘手的问题，比如顾客期待的团圆饭突然要泡汤，要怎么向他们解释？一些备用食材如何处理才能减少经济损失？

　　经过A饭店上层的认真沟通与协商，最终决定耐心地向每一位顾客表示歉意，退回所有预订费用，并赠送精美礼品邮寄到家，若顾客愿意将团圆饭换成之后与亲友的聚餐，饭店也会给出更大力度的优惠；让少部分员工继续完成未完成的工作（支付双倍酬劳），大家共同渡过

难关；一部分需要短期处理的食材以折扣价售出，另一部分保质期长的食材暂时存放起来。至此，A饭店遭遇的困境得到了及时的处置，维护了良好的企业信誉，并将损失降到了最低。

在经济危机的大环境下，任何一家企业都要用心地经营，否则很可能因为一个错误的决定而受重创。

作为企业上层领导，唯有正视经济危机的客观环境，遇到临时的困境能临危不乱，认真协调，积极解决问题，这样才能让企业发展得更健康、更长久。

虽然A饭店被迫停业近一个月的时间，但被无辜殃及的并不只是这一家店，其他一些企业可能未及时调整好心态，没有积极应对，丧失了生存下去的希望。而A饭店领导知道这是没法事先预料和控制的，所以遇到问题时没有选择逃避，而是勇敢面对，这才能及时止损，继续存活。

因为没能按照计划为顾客提供美味的团圆饭，给顾客带来了诸多不便，也让员工一时间不知所措。A饭店为了表示诚挚的歉意，将费用全部退回，并为顾客提供了一些礼品及其他优惠。A饭店尽可能为员工着想，帮助他们解决暂时的困难，很好地保护着企业的中坚力量。这样，在未来的工作中，他们也会为企业尽心尽力。虽然企业可能会遭受一定的经济损失，但会在员工及顾客心中树立良好的形象，赢得员工和顾客的信赖。

6.2 狭路相逢勇者胜，直面企业竞争危机

企业竞争危机，指因为竞争对手的行为而给企业带来的危机。一个人要想有所成就，就要不断地通过与他人的比较考量自己的能力，从而有更大的动力提升自己。同样，一个企业要想在同行中崭露头角必须时刻警示自己要勇往直前，要有危机感和竞争意识。

6.2.1 要做得更好，企业就要勇于竞争

　　A企业是一家经营了八年的女装企业，其从最初的一家只有不足10平方米的小门店扩大到了今天的三家门店，且面积均为200平方米左右。大约在十二三年前，电商行业刚刚走进大众视野时，A店主就发现了这一重要商机，并花费了大量的资金和时间开了一家线上女装网店。虽然在创业过程中时常碰壁，但A店主总能及时补救，目前整

体的经营仍然保持着很好的发展态势。

相对于其他多数服装店，A 店主懂得与时俱进，不断创新，找准时机，既满足了顾客的需求又收获了不小的效益。多年的售卖服装的经验早已让 A 店的店主对服装行业有了透彻的认识。

然而，大概从一年前开始，A 店主突然发现门店和网上的销量远不如之前，有时甚至一天都没有一位顾客进店，网店也只有零星的浏览，下单数量很少。他还发现，其他服装店与自己店里款式相同的衣服的价格都比自己家的低。他也发现，与其他网店的服装相比，虽然同款服装的价格自家略高，但自己家的质量明显要优于其他家。但他很清楚，买家是看不到这种差距的。

A 店主意识到了同行竞争的危机，决定要改变销售策略和渠道，否则很难在这个行业中继续走下去。于是，他开始认真做调查和分析，发现直播带货是一种很好的销售服装的渠道。他开始组建团队，到南方工厂找到合适的货源，邀请有一定粉丝量的主播们帮忙带货。让他感到惊讶的是，第一次开播，主播用了不足十分钟的时间就把他准备的货全都卖出。

通过第一次尝试，A 店主发现要做好服装带货必须抓住换季的时段，根据顾客的心理需求，找准时机，要走出去，多看、多想、多问、多思考、多做，将更多的精力放在寻找合适的货源上。他意识到了原来好货也可以有很低的价格。

之后，A 店主一边缩减门店规模，一边将更多的精力投入到选货、直播带货上。虽然实体店生意逐渐低迷，但直播带货让他重新找到了出路。

企业遇到竞争危机并不可怕，关键是能及时发现危机，快速找准对策。另外，竞争危机的发生很可能给企业带来新的转机。

企业的核心竞争力是其做大做强的重要条件。也就是说，永远安于现状、不在意利益的企业是不会有长远发展的。

如果A店主无视近期店内的销量和客流量的下滑，只觉得这仅仅是一个短期的现象，那么店内的生意很可能会始终走下坡路。最关键的是，与同行相比，自己家的生意明显略逊一筹，不找到原因，不去想办法是改变不了现状的。

如果不积极思考和发现，没有意识到问题的严重性，A店也享受不到直播带货的好处。

6.2.2 熟悉企业最容易发生的竞争危机

企业要蓬勃发展、大展宏图，那就要敢于从众多同行中找出自己的竞争对手，并能在或显性或隐性的较量中不断地改进和提升自己。而要直面危机就应该清楚企业最容易发生的竞争危机有哪些，这样才能做好心理和实战准备。通常，企业可能会发生以下几种竞争危机。

◆ 知识与技术的竞争危机

知识与技术永远都是一个企业生存和发展的重要保障。如果企业在知识与技术上没有凸显出一定的优势，那么迟早会被市场淘汰。

企业发生知识与技术的竞争危机体现在以下三个方面。

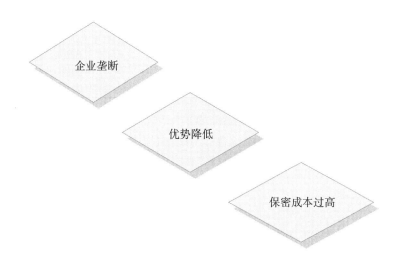

企业发生知识与技术的竞争危机的原因

虽然知识与技术是人类共同拥有的财富，但在特定的环境下它们是不可能成为所有企业所共有的财富的，于是就有了个别企业垄断知识与技术的现象。

随着网络通信技术的发展，知识与技术的传播速度变得越来越快，这就让许多原本以这两个资源为优势的企业失去了更大的竞争力。

对于企业而言，要获取最新的有关知识与技术的信息就必须付出极高的成本，而如果要付出的保密成本远超出收益，那就不合算了。

◆ 企业人才的竞争危机

企业做强、做大最坚实的后盾就是人才。企业人才可以用自己的智慧和能力帮助企业实现各个目标，获得良好的效益和成就。但是，一些中小型企业时常会遇到人才竞争的危机。

缺少高素质的专业人才

人才流动性太大，给企业人力资源的管理带来巨大压力

企业内部结构的变化使得企业对人才的需求也发生变化，增加了人才选择及管理的成本

企业人才竞争的危机表现

◆ 企业预测与决策的竞争危机

企业如果能预测到危机或者可以在危机中做出正确的决策，那么将会帮助企业顺利地渡过难关，从而重新走上正轨。然而，因为企业的预测能力会受到许多不确定因素的影响，所以对于危机的判断很容易出现偏差，从而影响企业做出正确的决策。

另外，近年来，因为信息技术发展得非常迅速，使得许多信息的传播速度和传播量猛增，这就无形中增加了企业处理信息的能力，从而影响其对一些危机的预测与决策的能力。

清楚了企业很可能因为上述三个原因而出现竞争危机，那么就能提前做好预防，避免或降低发生上述问题的概率，也能在发生以上竞争危机时快速找到源头，从而做出正确的补救措施。

6.2.3 应对企业竞争危机的方法

当企业面临严重的竞争危机时，就要采取一定的方法，以使企业发展不会因此而走向衰落。

◆ 选拔人才

古往今来，人才对历史的演变和文明的进步发挥了巨大作用。君王想要称霸天下，首先想到的就是找到一些对自己有用的人。同样，对于一个企业而言，人才能在一定程度上体现出其竞争力。企业中拥有人才并能各展所长，这是每一位企业创办者的愿望。人才可以帮助企业在激烈的竞争中立于不败之地。因此，企业要想应对竞争危机就应该培养和选拔一些人才，让他们更好地服务于自己。通常，企业选拔人才可以通过三种方式。

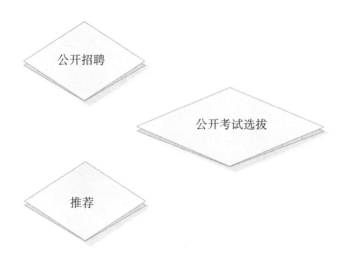

企业选拔人才的三种方式

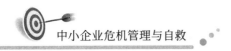

企业不可随意辞退员工

对于企业而言，能招到真正有用的人才简直是一件非常幸运的事情。当然，如果发现员工并不适合本企业，企业也可能会辞退一些员工。需要指出的是，企业要辞退员工不可随意，必须依照一定程序，否则很容易使企业陷入危机。

通常，企业不能随意辞退三种员工：一是不能随意辞退处在孕产期的员工；二是不能随意辞退没有任何过错的员工；三是不能随意辞退因工致残的员工。

除非企业确实有正当理由并且找到了充分的辞退员工的证据，否则不可随意辞退任何员工。

企业随意辞退员工既属于违法行为，又容易让企业其他员工对企业失去信任。这样，对于企业的长远发展是非常不利的。

◆ 引进新技术

企业要想赢得顾客，要想创造出更好的产品，那就要追求"新"。可以说，能先掌握新技术的企业，往往更可能成功。一方面，新技术可以让产品更具有吸引力，受到顾客的喜爱；另一方面，新技术可以提高生产率，节约原料，降低成本，对企业发展也相当有利。

◆ 领导要有创新意识

企业领导只有具备了创新意识才能对市场做出准确的评价和判断，提前做出与其他对手竞争的反应，使企业领先于市场潮流，这样才能在竞争中保持绝对优势。

6.3　原材料价格大涨引发的成本压力

6.3.1　控制成本重要，留住顾客也很重要

　　A店是一家奶茶店，生意一直都很红火，除了卖各种口味的奶茶，还制作一些如冰淇淋、水果捞等食品。因此，A店每天需要使用大量的塑料包装。可就在一周前，A店突然被告知，所有餐饮店必须立即使用可降解的塑料包装。可降解塑料包装是一种环保包装，其在生产过程中加入了一些添加剂，使其稳定性下降，之后容易在自然的环境中被降解。对于各大餐饮店来说，使用可降解塑料袋最大的影响就是成本增加了。一个普通的塑料袋市场售价不足一毛钱，而一个可降解的塑料袋则需要四毛钱。对于奶茶店来说，全部使用可降解塑料袋会是一笔不小的开销。

经过店长与几位同事的共同商量，大家决定先继续免费给顾客使用可降解的塑料袋，然后在店门口贴上一个小提示，告诉大家一周后会对这种塑料袋进行额外的收费。如果顾客不需要这种塑料袋，可以事先告知店员。相反，其他几家食品店立马就把价目表做了调整，而且要不断地向顾客进行解释。

　　一周之后，店里的生意似乎没有受到太多影响，前来购买奶茶的顾客对包装袋收费这件事也表示理解。

　　在企业经营过程中，原材料价格的上涨会给企业带来一定影响。如果处理不当，很可能让企业没法继续经营下去。

　　当 A 店被要求全部使用可降解塑料袋之后，其并没有立马涨价，而是给顾客留出了一周的缓和期，让顾客慢慢地接受。这样，顾客对 A 店也多了一份理解和好感。

6.3.2　怎样缓解企业原料价格上涨的压力

　　产品原料价格突然上涨，很容易让企业措手不及。毕竟，原料价格的上涨就意味着产品定价的上涨，那么顾客对产品的接受度可能就会降低。当然，如果企业有能力说服顾客，那么企业不但不会因为突然涨价而受到影响反而迎来企业发展的良机。

　　通常，面对原料价格上涨，企业可以做出以下努力。

扩大销售渠道，发掘更多的客户群

采用新的生产技术

控制生产量，开发新的市场

缓解原料价格上涨压力的方法

危 机 预 警

控制成本需谨慎

一些企业为了减轻资金压力会有意控制成本，但总有一些喜欢投机取巧的企业会在成本控制上犯下致命性的错误，致使企业陷入严重的危机。

具体来说，企业在控制成本时切不可犯以下错误。

第一，盲目制定成本目标。比如，饭店菜品的定价不是以其成本为依据的，而是随意定了一个很高的价格，只顾获得更大的利润。

第二，盲目制定销售计划。比如，未经过专门培训的销售人员只顾推销价格高的化妆品，他们并没有意识到价格与毛利润并非永远成正比，一些价格相对较低的化妆品可能会产生更高的利润。

第三，原料以次充好。比如，饭店为了节约成本在市场上选择鸡肉充当里脊肉。

第四，控制用人成本。比如，某企业为了节约在用人上的成本，将原本需要8个人完成的工作任务交给3个人完成，强制加班。

第五，严格控制水电气以及基本办公用品的用量。比如，某公司为了节省电费，即使在室内温度达到近30℃也不允许开空调。又如，某些企业无视员工的硬件设备的及时更换，导致许多员工的电脑、桌椅等经常出现问题。

总之，企业在控制成本时必须讲究方式方法，不可因为一时的贪念而使企业陷入危机。

6.4 防不胜防的投资危机

从中小企业外部环境危机这个大前提来看，企业投资危机主要涉及两个方面，一是他人给企业投资过程中突然撤资引发的企业危机；二是企业给某个人或其他企业投资期间，对方跑路或倒闭引发的企业危机。无论哪种都会对企业的正常发展造成打击。

6.4.1 做好规划，防范突然撤资

王某自己经营着一家小型养猪场，而且每年的利润也不错。近期，他发现市场猪肉价格飞速增长，从原来的一斤12块钱的价格涨到了22块钱，于是很想扩大规模。但是王某当前手头的资金有限，所以必须得找一个投资者。王某突然想到自己的一位朋友近几年生意做得不错，或许能帮自己一把。最初，王某的朋友表示很有兴趣，但朋友

的家人极力阻挠，王某认定了养猪肯定能挣钱，所以多次前往朋友家说服其家人，还许诺："赚钱给你分红，赔钱我自己承担。"就这样，王某朋友及其家人就同意了，并表示可以拿出 20 万元的投资款，不过要按照王某的经营情况分两次给王某，每次 10 万投资款，王某终于说服朋友，便开心地答应朋友。在此过程中，王某与朋友之间并没有签订任何合同或协议。两人商定，先扩建养猪场，然后新购入一批小猪，这样等到年底就能获得很好的利润。王某用朋友先支付的 10 万元用于养猪场扩建，不到一个月，养猪场顺利完成扩建，接下来的计划是新采购一批小猪。可是这时，市场猪肉价出现了下降的苗头，王某的朋友很快就决定撤资，此后再不想继续与王某合作养猪。面对朋友的突然撤资和已经扩建了的养猪场，王某感到无奈和不知所措。

通过王某的案例我们要意识到，投资必须做好规划和突发状况的紧急应对措施，如合作方突然撤资。

王某在与朋友合作的过程中过于感情用事，还承诺一定让朋友有钱可挣。对于一个企业来说，王某的做法显然是不专业的。投资是你情我愿的，不可提出超出能力范围内的条件以引诱对方投资，否则很可能给自己带来后患。另外，王某与朋友合作的整个过程中都没有签订过合同或协议，没有表明彼此应承担的责任和义务，这就给企业带来了巨大的风险。

6.4.2　导致投资危机的因素

相信每个投资者都是为了赚得利润而进行投资的。但是很多时候，事态未必能朝着每一位投资者所预想的方向发展。因此，投资者应该谨慎对待投资。

不管是企业投资他方企业，他方企业倒闭，还是企业融资后投资方突然撤资，导致投资危机产生的原因主要有以下几点。

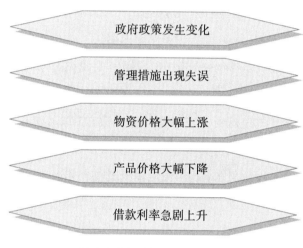

导致企业投资危机的常见因素

6.4.3　如何应对投资失败的危机

任何中小企业都可能会遇到危机，你的合作方的危机可能会引发连锁反应，进一步引发你的企业发生危机。

作为中小企业经营管理者，在拥有了一定的资金积累后，如果你不想自己冒险扩大生产规模，那么可以选择给其他企业投资。当然，这仍然需要承担一定的投资风险，如果你所投资的合作企业出现了危机，或者合作方的企业倒闭，那么你接下来可能面临的最主要问题是：是否会影响到自己的企业形象与未来发展，是否能拿回投资资金。

拿回企业对其他企业（倒闭）的资金投入，必须满足一定条件。

所投资的合作企业破产，是很糟糕的一种情况，如果对方破产清偿完所有债务事项后有剩余，这种情况下或许可以拿回当初的一部分投资。

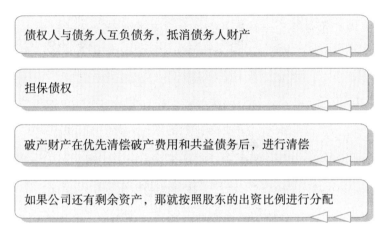

债权人与债务人互负债务，抵消债务人财产

担保债权

破产财产在优先清偿破产费用和共益债务后，进行清偿

如果公司还有剩余资产，那就按照股东的出资比例进行分配

破产公司清偿债务的顺序

如果企业遭遇了投资方的突然撤资，那么企业经营管理者和危机应急小组应结合实际情况考虑采取以下应对方法。

其一，积极联系投资者，与其进行商讨，询问其撤资的原因，如果可以商量，是否可以做出让步，以保证公司可以继续经营下去。

其二，自己垫资。如果自己手头有足够的资金，并且很想让公司继续发展下去，可以自己垫资，当然这也意味着自己需要承担更大的风险。

其三，银行贷款。想办法从银行贷款，以获得更多的资金维持公司走下去。

其四，找到新的投资方。如果公司前景可观，会很容易找到新的愿意投资的股东。

投资失败的三大根源

一些投资者经常会因为自己手中有充足的资金，一心想要投资，盲目投资，最终惨遭失败。其实，投资失败的最根本的原因只有三点。

其一，选择了自己完全陌生的领域。如果你从未接触过餐饮行业，没有人脉，不了解业内行情，加上不擅长摸索，那么就容易投资失败。

其二，心态、心智不成熟。如果在处理问题、把控利益时，你的语言、决定等都非常幼稚，那么你的投资很可能以失败告终。

其三，忽视了好团队的重要性。在任何企业中，团队都是摆在首要位置的。企业团队是否自信、专业，决定着企业能否一直很好地走下去。

因此，要想避免投资失败，有必要认真考虑、统筹决策，杜绝以上问题的发生。

6.5　自然灾害下的生存战

6.5.1　认识自然灾害

自然灾害，指给人类生存带来危害或损害人类生活环境的自然现象，如地震、海啸、滑坡、山洪、泥石流、火山喷发、台风、暴雨、暴雪、结冰、干旱等。

自然灾害具有以下几个显著特征。

联系性：有些自然灾害的发生是有联系的，如地震可能引起山体滑坡、泥石流、海啸等。

严重性：自然灾害对于人类的危害非常大，如洪水会造成人员伤亡，也会导致经济损失。

不可回避性与可减轻性：只要人类存在，自然灾害就是一个永远不可回避的事情，但这绝不意味着人们只能被动承受自然灾害带来的损害，科学预防、防灾减灾，能有效减轻自然灾害带来的损失。

不同的自然灾害对不同企业造成的严重后果是不同的。但归根结底，

自然灾害可能会给企业带来两种最不想看到的结果：一个是人员伤亡，另一个是财产损失。

6.5.2 接受也是一种态度

A企业是一家在北方经营的快递运输公司，虽然刚刚起步不久，但收到了很好的效益。然而，就在八月份，该企业就遇到了麻烦。

A企业位于城市的郊区，附近有一条河。接连下了一周的大雨，使得交通受阻，库房里的货物得不到及时运输。为了避免包裹受潮，负责人特意找到搬运工人搭起货架，把包裹放在离地面更高一点的地方。然而，事情并没有预想的这么简单。暴雨来袭，得到上级指令，要求村民全部撤离。企业负责人意识到情况不妙，但他也明白不能让员工冒着生命危险去搬运包裹，只得忍痛通知全体员工放弃包裹、紧急撤离。

在自然灾害面前，人的力量是很渺小的。试想，如果上述案例中的企业管理者和员工无视洪水凶猛，执意留下转运库房里的包裹，那么他们很可能会同库房一块被大水淹没，或者直接被冲走。因此，千万不要小瞧自然灾害的威力。

作为企业负责人，更要有安全意识，要重视员工的安危，员工是企业的宝贵财富，员工出事了对企业也是一种损失。

面对不可预料的自然灾害引发的企业危机，要学会坦然接受，事后及时处理、复盘、做好防范。

6.5.3 认真开展紧急救助工作

在自然灾害中，为了减少企业在经济上的损失和保证员工的生命安全，保障企业生产的顺利进行，企业应该为开展紧急救助做好一系列的准备工作。

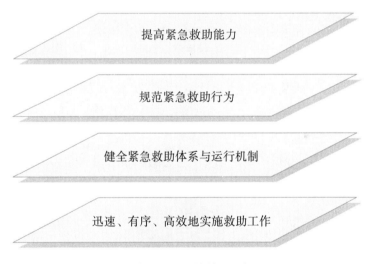

提高紧急救助能力

规范紧急救助行为

健全紧急救助体系与运行机制

迅速、有序、高效地实施救助工作

紧急救助工作的前期准备

自然灾害发生后，企业的救助工作具体涉及以下内容。

其一，要做好员工和财产的紧急转移和安置工作，做好灾情的调查、评估和报告工作等。

其二，对灾情认真核查，做好评估，制订一个科学的重建方案。做好灾后总结，并向上级汇报。做好灾后的卫生防疫工作，如消毒。

其三，积极做好对外沟通与协助。

其四，对在救灾工作中因玩忽职守而造成损失的集体和个人，要追究责任；表彰做出突出贡献的集体和个人。

此外，企业在自然灾害后做好救助工作以后，就要着手复盘，即将此次因为自然灾害引发的危机重复推演出来，在此过程中发现问题，找到原因，并对接下来如何走做好规划，明确未来的发展方向。

提前预防也可以有效防范因为自然灾害而给企业造成的巨大危机。企业应该大力宣传自然灾害事件的预防知识，提高企业员工的安全意识。企业安全部门做好安全检查工作，如有隐患，必须尽快采取措施，以有效减少因为自然灾害给企业带来的损失。

6.6　重大工伤事故引发的巨额赔偿

6.6.1　了解工伤，让企业减少因工伤带来的恶劣影响

业的做法，认为 A 企业必须对受伤的小李负责。一些律师也为小李声
讨，鼓励小李努力争取自己的权益，追责到底。

就这样，A 企业瞬间成了舆论争论的焦点，愤怒的小李及家人将
A 企业告上法庭，最终，A 企业依照法院判决进行了赔偿。

但这件事并没有因为法院宣判和企业赔偿而结束，A 企业的一
些员工也因为无法接受企业管理者推卸责任的态度而选择离职。同
时，A 企业在公众心中的信誉度也受到了严重影响，失去了许多宝贵
客户。

虽然 A 企业最终按法律规定为小李支付了住院费用，并做出了相应
赔偿，但所有行为都是被动的。从 A 企业先前的做法可以看出，其有意
推卸责任，不愿为小李承担任何费用。显然，A 企业的做法最终受到了应
有的惩罚，不但失去了优秀的员工，还丢失了大批珍贵的客户，让企业经
营陷入了危机。

因此，企业要多了解一些有关工伤的知识，这样才能在真正遇到问题
时做出正确的选择，让企业更好地发展。

工伤事故也叫"劳动事故"。从本质上说，工伤事故是因为工作原因
直接或间接地对企业员工造成的伤害和急性中毒事故。

企业的工伤事故主要有物体打击、车辆伤害、机械伤害、起重伤
害等。

另外，工伤事故不是随意界定的，而是要按照相关的法律法规加以认
定的。

6.6.2　工伤事故补偿

当企业员工发生工伤事故时，是需要企业配合给予一定补偿的，因此，中小企业在创业开始，就要有备无患，重视企业安全生产，保障员工的人身和财产安全，并了解和熟悉员工工伤事故赔偿相应的知识。

一般来说，在职员工因工受伤后，企业具体要根据受伤员工的伤势情况来决定如何进行补偿。

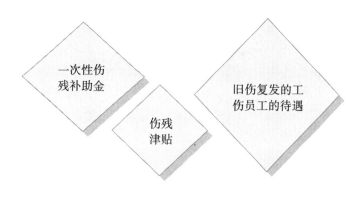

工伤事故补偿方式

因工受伤或确诊为职业病的，经鉴定为一级至十级的工伤员工，可以享受一次性伤残补助金。

被鉴定为一级至四级的，要退出生产、工作岗位的工伤员工，企业应按月给员工发放伤残津贴。

被鉴定为一级至四级的工伤员工，旧伤复发时，可以享受工伤医疗待遇；被鉴定为五级至十级的工伤员工，旧伤复发时，可以享受停工留薪期待遇和工伤医疗待遇。

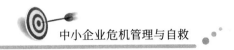

6.6.3　企业如何杜绝工伤的发生

　　工伤是企业负责人和员工都不想遇到的。因为一旦有员工发生工伤，不但会给企业的正常发展带来影响，还会给员工及家属带来伤害。所以，作为企业，应该懂得如何杜绝员工工伤的发生。

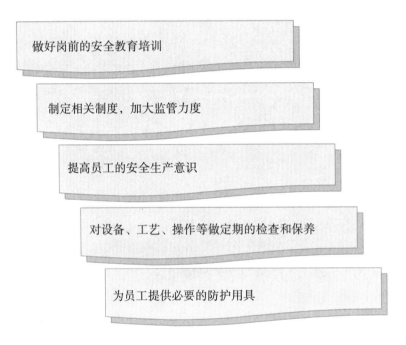

　　做好岗前的安全教育培训

　　制定相关制度，加大监管力度

　　提高员工的安全生产意识

　　对设备、工艺、操作等做定期的检查和保养

　　为员工提供必要的防护用具

企业有效杜绝工伤发生的方法

　　安全重于泰山，企业要始终将安全生产放在第一位，保护好企业及员工的安全。

CHAPTER 7

第 7 章

前车之鉴：危机后的
反思与提升

企业发生危机并不一定是一件坏事儿，它能让企业意识到自身存在的问题，从而想方设法地找到出现问题的原因，并及时地加以修正。

　　危机过后，企业不应该急于开启新的征程，而是应该吸取前面的经验教训，要花费一些精力在分析危机发生的原因、找准应对危机的最佳办法上面，以便在未来的道路上避免同类错误的发生，使企业获得更好的发展。

7.1 汲取危机教训，避免重蹈覆辙

7.1.1 反思——危机过后的重要任务

　　A企业是一家主推榴梿口味比萨的比萨店。因为当初在选择店面时感觉空间够用、地理位置合适、租金较低，所以毫不犹豫地租了下来。慢慢地，店里的生意越来越好，顾客们也特别认可店里的榴梿比萨。每天，店里的榴梿比萨都供不应求。服务员和后厨工作人员经常需要加班到很晚。

　　店主看到了比萨店的收入一直很可观，而且比萨又很受欢迎，因此决定扩大店铺规模，开设几家分店，于是开始筹集资金、租赁店铺、招聘员工，用了不到半年的时间就在本市开了三家分店。原本以为，同样的产品、相同的经营模式一定能获得不错的利润。可分店经营了不到一个月，比萨店就暴露出了一系列问题，如到店吃比萨的客人减少了；选择榴梿口味的顾客变少了；回头客少了；等等。而且，不仅新增的三家分店每个月都在亏空，就连最初的老店也似乎失去了之前的活力。无奈，店主只能忍痛割爱，将新开的三家分店全部关闭，及时止损。

接下来，店主开始认真反思，分析究竟哪个环节出了问题。他意识到，店里客人减少可能是因为外卖平台越来越火热，顾客们更愿意等着美味的比萨送上家门；榴梿口味的比萨销售量变小，可能是因为榴梿价格上涨导致榴梿口味比萨价格调高，也可能是因为顾客吃腻了这种口味；回头客少了，应该是觉得店里的食物已经没有新鲜感，不仅比萨的口味单一，而且小食的种类也很单调。此外，还可能与店里的环境不够优雅、店员态度不够友善等有关。最终，店主决定要对剩下的唯一一家店做店面升级，重新整顿比萨店，如与外卖平台建立合作关系、增加其他美食、重新装修店面、对服务人员做好培训工作等。幸运的是，再次开启的店面果然吸引了不少客人前来光顾，而且店面外卖单的数量也日益增多。

可见，危机后的反思对于企业是多么重要。

反思可以总结经验，促进自身能力的发展，还可以发现自身的缺点与不足，避免同类错误的再次发生。如果一个企业不会反思，那么其只会一次又一次地失败。

实际上，案例中 A 比萨店最初不应该因为觉得生意很好就果断地开设三家新店。毕竟，各方面的经验还不足，应该在摸索中一步一步地尝试增加店面。一次性增加三个店面，也就意味着增加了三个巨大的风险。

不过令人感到欣慰的是，店主能及时止损，通过反思发现了自身存在的问题。经过不断的修正，A 店终于又有了好生意。

试想，如果店主关闭三个分店之后，无视其中的问题，那么相信用不了多久，剩下的这个店面也会沦为相同的下场。

7.1.2 反思对危机后的企业的意义

对企业而言，反思可以随时进行，可以在发展态势很好的时候，也可以在危机之后。

反思对于企业的发展有以下三个意义。

发现企业当前存在的问题

促进已有技术产生新的技术

检验新技术的使用情况

反思对企业发展的意义

如果企业中的每个人都不懂反思，那么企业就会一次又一次地经历失败。比如，如果某店里的一名服务人员对客人的态度十分不耐烦，并且当领导得知情况之后也没有及时指出服务人员的不妥，那么不仅这个服务员意识不到自己的问题，其他员工也可能会觉得领导也不在意员工对待客人的态度，会表现得更加肆无忌惮。渐渐地，店里的客人一定会越来越少，生意也会越来越惨淡。

如果企业懂得反思，善于分析和总结，那么将很可能给企业带来新的技术。这样，企业可能会得到更好的发展。比如，某工厂每天的生产量远不如其他同类型、同规模的工厂的生产量，而且该工厂的工人要比其他家多很多，每天持续工作的时间也很长。该工厂的领导通过对比发现，其他家的生产设备早已换成了最新的，其生产率和产品质量都非常好。于是，该工厂也统一换成了最新的生产设备。

当然，引进了新技术后，企业未必就能得到很好的发展，后期的检验工作也是非常重要的。比如，某工厂引进了新的技术后，应该认真观察和分析是否达到了预期的目标，是否提高了生产率。如果发现工厂产品的生产率与其他工厂相比还有一段距离，那就要找找其他原因，如工人对机器使用得是否规范、技术上是否还不太熟练等。

7.2 发挥公关力量，重塑企业形象

7.2.1 公关——企业发展的重要一"关"

案例引导

　　某年，我国北方某市发生了严重干旱，这次旱情引发了全社会的关注。

　　一家位于我国南方地区的 A 矿泉水公司在看到北方旱情的相关报道后，立即调动企业相关部门向北方出现旱情的城市免费送出了第一批矿泉水。此行动受到了新闻媒体的高度关注，还成了当地许多报纸的头版。此次送水行动，很大程度缓解了北方受灾百姓的燃眉之急。

　　接下来的一个月，A 矿泉水公司陆续送出了第二批、第三批矿泉水，让受灾地区的百姓都不再为喝水而着急。

　　在 A 矿泉水公司的带动下，其他一些矿泉水公司也纷纷开启送水

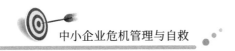

活动。A矿泉水公司及其他赠水的公司的新闻在这一阶段也是一直占据着媒体的头条，受到社会各界的高度赞扬。

A矿泉水公司的爱心送水活动虽然于他们自己而言只是一个小小的举动，但其影响力是巨大的。该活动充分体现了A矿泉水公司无私奉献的精神。最关键的是，A矿泉水公司通过这个活动获得了很高的知名度，其品牌也获得了公众的认可。

A矿泉水公司最初从新闻报道中捕捉到了北方某省份发生旱灾的消息后，立即展开行动，将爱心水及时地送往干旱地区，让灾区的人们获得了温暖。该公司也抓住了新闻媒体急切的心理，以最快的速度将水送到了干旱地区。之后，媒体多次报道A矿泉水公司的举动，扩大了A矿泉水公司的知名度，一些爱心人士也纷纷购买A矿泉水公司的产品要求寄送到灾区，其他矿泉水公司也纷纷捐赠饮用水，实现了连锁反应，让受灾群众真正得到了帮助。

这是一次爱心捐助活动，也是一次成功的公关活动，A公司从此彻底打开了北方地区的饮用水市场，获得了巨大的客户群体。

7.2.2 熟悉公关，共渡难关

◆ 公关，企业不可或缺的活动

公关即公共关系，是组织为达到某种目标，在组织内外部员工之间、组织之间建立良好关系的科学。

正常情况下，不管是大企业还是小企业，都应该有一个专门做公关工作的团队，一旦企业发生一些问题，就容易涌现出一些负面信息，此时如果公关团队可以第一时间做出反应，就能及时防止这种危害的发生，帮助企业打造良好的信誉、形象、品牌等。

损害企业的声誉、知名度

损毁企业的形象、竞争力

决定企业的生死

负面信息对企业的影响

公关对于企业危机的化解也发挥着重要作用。企业危机中的公关，指当企业在信誉、形象、品牌等方面遇到危机时，可以采取的一系列公关活动。

可见，对企业而言，危机公关是一项不可或缺的活动。

◆ 公关的目的、内容与分类

危机公关的目的非常明确，具体可以总结成三种目的。

```
┌─ 首要目的 ─┐  及时采取措施避免更大的损失和最大
               程度地降低损失

┌─ 主要目的 ─┐  找到危机源头，为确定化解危机的方法
               提供有效信息与证据

┌─ 次要目的 ─┐  经过沟通，传递企业的态度与价值观，
               尽可能恢复或重建企业形象
```

企业危机公关的目的

企业危机出现后，企业应迅速反应，集合相关部门，使之相互协调，妥善做好公关工作。

建立危机处理团队，监控危机发展的态势

有序实施危机处理的策略

积极组织沟通活动，重新赢得公众、社会、政府等的信任

尽快恢复企业的品牌形象

企业危机后的公关主要涉及的内容

从危机的角度来说，企业的公关活动可以分成两种：预防性公关、反应性公关。

预防性公关的目的是预防危机的发生，主要的工作内容是日常为塑造企业形象而开展的各种活动。预防性公关的主要任务是在平时把握好企业发展的趋势，了解公众的一些情况并将这些信息传输给企业的决策者，从而使企业形成危机意识。

反应性公关的主要目的是在企业发生危机时，要迅速隔离、控制并解除危机，让危机得到成功的化解。反应性公关的主要工作内容是处理危机。也就是说，当企业遭到危机刺激时要立即做出反应，采取一定的应变措施。

预防性公关与反应性公关彼此是有一定联系的。预防性公关是企业需要长期开展的工作；而反应性公关则是企业在特定时间里需要开展的短期工作，如发生危机时，企业就要做一些反应性的公关。

7.2.3　企业公关要注意的问题

◆ 积极与公众沟通

企业危机的发生一定会给股东们或者客户带来很大震撼，所以此时企业公关开展积极的沟通就非常必要。

具体而言，公关的沟通工作应该从三个层面展开。

高度关注事件中与生命、财产相关的情况

控制危机的进一步发展

公开承诺，表明企业对解除危机的信心和愿意承担的责任

积极沟通

危 机 预 警

积极沟通≠承担所有责任

积极沟通是为了能有效地化解当前的危机而做出的回应，目的是让公众对企业有信心，可以一直信任企业。

企业危机团队在与公众沟通时，要及时表明企业愿意沟通和进一步协商的态度，对于一些不是企业自身原因而造成的损失，企业没有责任和义务大包大揽。

对于承担不应承担的责任，一定要说明，避免信息传播过程中产生误会或误导，避免让公众对企业产生不必要的误解。

◆ 第一时间表明态度

当企业发生危机后，公关团队必须代表公司表明自己会积极处理的态度。首先，一旦企业发生了危机，企业的公关团队就要迅速做出反应，表明自己的做法和立场。这样才能尽早控制住事态发展的速度。

一旦发生危机，公众会非常在意是否会给自身的利益和情感带来损失。因此，企业公关必须做出回应，即表明自己会承担相关责任。

企业要尽早与新闻媒体取得联系，与公众进行真诚的沟通。

◆ 要有超强的行动力

危机发生后，公关团队要真正行动起来。一是为了抓住信息发布的主动权，避免不良的消息在社会蔓延；二是为了向公众提供全面、真实的信息；三是向公众及时呈现企业处理危机的进度，让公众对企业更加放心。

总之，企业公关都是为了给企业树立良好的品牌形象，所以在开展公关活动时，一定不要忘记初衷。

7.2.4 公关活动的开展步骤

作为企业专业的维护公关关系的团队，当发生危机后，企业必须按照一定的步骤开展公关活动。具体而言，企业公关活动的步骤有如下几个。

◆ 搜索公关信息

通常，危机发生后，各种信息会瞬间在大范围内辐射开来，所以企业

公关团队必须懂得及时捕捉各种公关信息。与企业公关联系最紧密的信息有如下几个。

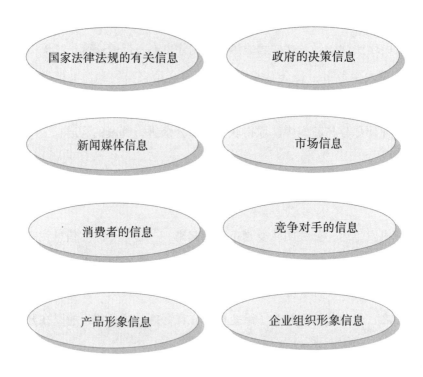

与企业公关有关的信息

当然，搜集信息的关键不只是搜集，还涉及其他两个任务，分别是处理信息和存储信息。

当公关团队通过一些渠道获取了一些信息后，首先需要对信息进行记录、整理和汇总等工作。其次，公关团队要对所整理好的信息做进一步的筛选、分类、综合、提炼等工作，以获取最有价值的信息。最后，公关团队需要将最终提炼好的信息以数据、文件、录音、录像等形式存储起来。如果发现有价值的信息，需要及时反馈给企业领导。

◆ 明确公关目标

顾名思义，公关目标就是企业公关团队需要努力的方向和追求的成果。明确了公关目标，才能让接下来的公关活动更有价值。

企业公关团队在策划目标时，需要考虑以下几点。

确保公众与企业利益的一致性

公关目标与企业目标保持一致

公关目标要具有具体性和可实施性

公关目标要具有重点性和平衡性

公关目标要具有创新性和独特性

企业公关团队策划公关目标的注意事项

◆ 分析公关对象

如果公关团队能明确公关对象，那么在接下来的公关活动中会更有侧重点，活动会更有效。具体来说，明确公关对象有四个作用：利于公关活动的开展；利于资源的合理利用；利于媒介的选择；利于信息的搜集与

筛选。

分析公关对象的步骤有两个。

第一步，明确公关对象的权利要求。

第二步，分析公关对象权力的轻重缓急。

只有明确了公关对象的权利要求，企业公关团队的工作才能开展得更顺利、有效。

因为公关对象的权利可能是各不相同的，此时企业要想让每一个对象都满意是很难的，所以此时可以按照轻重缓急来开展公关活动。

◆ 创意——公关策划的核心

创意是公关策划的核心，创意的好坏决定着活动的成败。

公关团队的创意并非完全天马行空，而是要遵循一定的步骤，这样才能拥有有序的思维，选出最佳的公关策略。其具体步骤如下。

准备：根据企业的总体目标与公关目标，深入了解公众意见和态度。

酝酿：对所获取的意见和态度进行消化、吸收，认真思索，在大脑中形成一个初步的概念。

启发：将获得的灵感、观念转化成构思。

成型：经过深入思考，将构思明确下来。

验证：经过领导的认可之后，要在实践中加以检验。

◆ 选择公关时机

公关团队在策划公关时机时，需要考虑两个因素：一是从公关活动的整体出发；二是满足公众的期盼。

通常，企业公关活动有几个最佳时期，抓住了这几个时期，可能会起到事半功倍的效果。

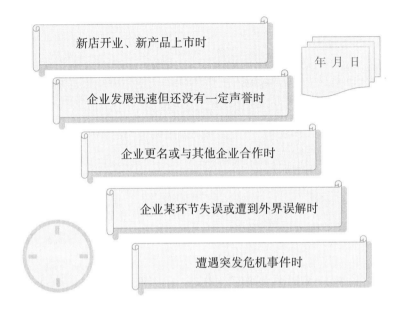

公关活动的几个最佳时期

7.3 优化内部管理，提升企业竞争力

案例引导

A企业是一家服装加工厂。平时，工厂会定期为工人做安全教育培训，涉及火灾、地震、坍塌等，还会开展一些演习活动。工厂非常重视对工人安全意识的培养。

有一天，操作厂区的洗手间里突然传出一股烧焦的味道，这引起了部分工人的警觉。于是，有工人向领导反映了情况。领导带着安保人员决定一看究竟。还没等走进洗手间，就听到"啪"的一声巨响。此时，领导和保安人员不敢贸然行事，只是小心地从门口朝洗手间里面张望。只见地上散落了着很多吊灯的玻璃碎片，而且屋顶上连接的电线也在不断地往外冒火花。领导和保安人员意识到事情不妙，并基本断定了是电路短路引发了火灾，几人迅速分工，一人报警，一人去关闭位于工厂另一端的电闸，其余两人疏散工人，之后不到2分钟的时间，整个工厂陷入一片火海，机器及布料付之一炬，万幸的是，工厂里近200名工人全部安全撤离。

经过这次灾难，不管是工厂领导还是工人都深刻地意识到了安全教育工作的重要性。工厂领导也为自己在之前开展的培训工作感到值得，也更坚定了他在以后会更加注重安全教育的想法。

　　在这次火灾中，所有工人都能毫发未损地逃出去，不得不归功于工厂领导的责任感和安全意识。从大家在此次火灾中的表现，也可以感受到该企业"安全至上"的理念和企业文化。

　　如果每个企业都能将安全归入企业文化的范畴，那么企业在今后的发展中就能避免很多意外和灾难带来的严重后果。

7.3.1　营造良好的企业文化氛围

　　企业文化是一个很大、很广泛的概念，主要指企业运营过程中表现出的价值观、信念、仪式、符号、处事方式等。

　　企业文化涉及企业在日常运营中的各个方面。因此，要明确地指出某企业的企业文化是很难的。

◆ 企业文化对企业员工的影响

　　好的企业文化对任何企业而言都是至关重要的，因为它可以让企业员工变得更好，具体体现在如下几个方面。

　　企业员工对于企业的使命感、归属感、责任感、荣誉感、成就感都增强了，那么就会更加珍惜现在的工作，也会竭尽全力地贡献自己的力量，让企业变得越来越好。

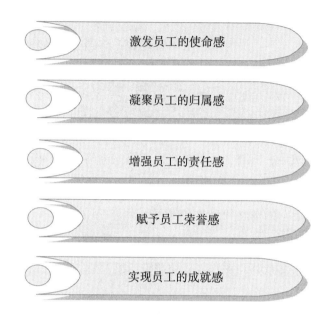

激发员工的使命感

凝聚员工的归属感

增强员工的责任感

赋予员工荣誉感

实现员工的成就感

好的企业文化给企业员工带来的影响

◆ 企业文化的特征

归纳起来，企业文化具有独特性、继承性、相融性、人本性等以下六个基本特征。

独特性：每个企业的生产经营管理特色、传统、目标、员工素质及环境都有所不同，所以会形成不同的文化特色。

继承性：企业文化的继承性主要体现在三个方面：其一，继承了优秀的民族文化精髓；其二，继承了企业的文化传统；其三，继承了其他企业文化的一些成果。

相融性：企业文化往往反映着时代的精神，所以其必须与企业的政治、经济、文化、社区等环境相互融合。

人本性：良好的企业文化一定是以人为本的，即在企业管理过程中必须做到理解人、尊重人、关心人。

整体性：企业的发展与员工的发展是密不可分的，所以企业应该引导员工将自己的奋斗目标与企业发展的整体目标相互融合，追求整体的发展。

创新性：创新是企业生存和发展的根本，优秀的企业文化应该在继承传统的基础上有所创新。

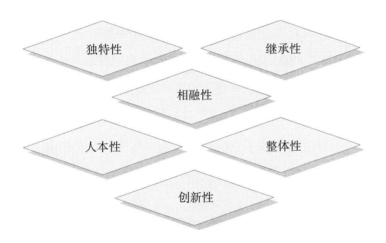

企业文化的特征

◆ 企业文化的宣传

企业对内的文化宣传其实就是企业内部开展的企业文化宣传活动，其是通过文化培训、教育、灌输等方式提高企业内部人员的文化素养。

企业文化宣传分为对内和对外两种，对内宣传通常会采用个体宣传与组织宣传两种途径。

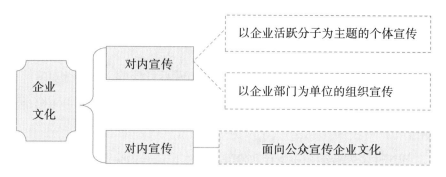

企业文化的宣传方式

　　一般来说，企业文化宣传的个体多是企业中的活跃分子，这些活跃分子对企业有很高的认同感，所以会在工作中表现得非常认真、诚恳，在处理同事关系时也会以企业利益为出发点。在这些积极分子的带动和感染下，其他同事也会慢慢理解组织、热爱组织，并乐于为组织贡献出自己的力量。另外，企业管理者也是企业文化宣传的重要主体。企业管理者除了可以制定一些规章制度来宣传企业文化，还可以通过言行影响员工。

　　组织宣传是企业中的集体行为，可以通过完善内部报刊、电视台、广播、宣传栏等渠道和组织文化征文比赛、企业文化演讲等活动来宣传企业文化。

　　对外的企业文化宣传就是企业将自己的文化传向公众。企业要对外宣传企业文化的好处是，可以扩大企业的影响力，促使企业树立良好的品牌，从而提升竞争力。

　　另外，企业积极对外宣传企业文化可以促进精神文明的进步，对整个社会的文化进步有一定的推动作用。对外企业文化的宣传活动可以是生产产品宣传、企业管理者和员工宣传、媒体宣传等。

7.3.2 实施科学的企业战略管理方法

企业管理就是将一些原本复杂的事情简单化，将简单的事情流程化、标准化。企业的战略就是根据公司的实际情况制定系统的战略目标与计划。

企业在经营过程中，通常可以采取三种战略管理方式。

◆ 成本优先战略

如果企业能在管理过程中采取成本优先的战略，将使企业在外部竞争中处于优势地位，具体表现如下。

首先，在竞争中保持优先地位。

其次，有利于降低或缓解同行对本企业的威胁。

最后，购买者要压低价格时，企业有一定承受力。

成本优先战略对企业的劣势

虽然企业遵循成本优先的战略管理原则对企业发展有着诸多优势，但也存在一些劣势。

首先，如果投资过高，那么企业的转换成本也会提高，反而容易给企业带来巨大的成本压力。

其次，如果企业过分压低成本，质量就得不到保障，这样很容易忽略消费者的需求。

再次，成本优先战略很可能被同行广泛效仿，所以企业除了要实行这种战略，还必须保持它的持久性。

最后，如果企业做任何产品都采取成本优先的战略管理方式，那么就会让企业的产品失去差异性，也就没有亮点和卖点可言。

◆ 差异化战略

企业实施差异化战略同样可以带来诸多好处。具体体现在如下三个方面。

第一，更容易吸引顾客，提高顾客对企业产品的忠诚度。

第二，企业产品的价格越高收益就越高，这样就更能承受供应商涨价的行为。

第三，竞争对手要进入此行业就必须投入大量的成本，增加了其竞争的难度。

◆ 重点集中战略

重点集中战略对于企业的发展有以下两个优势。

首先，企业会集中力量和资源进行生产，使企业产品更有竞争优势。

其次，形成极强的服务于目标市场的能力，能吸引大量忠诚的顾客，从而有效降低了竞争对手的威胁。

7.4　加强企业合作，实现共赢发展

一个企业若全凭自己的力量获得更大的突破或发展可能会有很大难度，但如果能找到有着共同目标的合作伙伴，在大家共同的努力下，将会提高胜利的概率。企业合作即不同企业之间通过协商或其他方式决定共同开发产品或市场，互惠互利，以获取整体优势的经营活动。

7.4.1　合作，让每一个合作伙伴都成为赢家

合作，往往是以共赢为目的的，其主要体现在以下几个方面。

增加各方的收益

为企业创造和开拓新的市场

加快产品开发与投入市场的进程

企业合作的意义

7.4.2 企业合作的前提条件

虽然企业合作对企业发展而言有很大的意义，但并不是企业想合作就能合作的，而是要满足一定的条件。具体如下。

第一，进行合作的企业有各自的优势，并能做到优势互补。

第二，一方产品的销售要能带动另一方。

第三，各合作企业具备形成供需链的条件。

第四，企业发展遇到瓶颈，需要找到突破口。

第五，企业靠自己无法达到终极目标，需要找到合作伙伴。

第六，企业管理者有合作的意识。

当企业满足了上述条件后，就可以彼此开展合作了。

7.4.3 企业合作的主要形式

企业合作的形式主要有战略联盟、供需链管理、企业集团等。

战略联盟也叫"策略联盟"，指两个或两个以上的有着共同利益和对等经济实力的企业，为了达到共同的战略目标，通过协议、契约而结成的优势互补的松散的合作形式。

供需链管理是某企业与其供应商、供应商的供应商，依次向前直至最初的供应商，以及其销售商、销售商的销售商，依次向后直到最终用户之间建立的关系网链。

企业集团是以一个或者多个实力强大、有着投资中心功能的大型企业为核心，以若干个在资产、资本、技术上有着紧密联系的企业、单位为外围，通过产权安排、人事控制、商务协作等手段建成的稳定的经济组织。

7.4.4　战略联盟——一种松散的企业合作模式

对于大多数中小企业而言，如果要选择合作形式，可能更容易想到的就是战略联盟。因为相对来说，战略联盟是一种很容易建立的合作模式。因此，这里重点说一说战略联盟的建立。

"众人拾柴火焰高"，对于中小型企业而言，因为其可能会存在发展环境和内部管理上的问题，所以如果能找到可以合作的队友，建立起一个可以优势互补、互惠互利的联盟，显然这样就能拧成一股更强大的力量应对很多危机。

企业战略联盟的基本形式如下。

战略联盟的形式

合资企业，指两家企业对等出资而建立一家新的企业，投资双方可以共享收益，但也要共担风险。

互相持股，指两家或两家以上的企业以共同参股的方式建立的企业，或者相互持股现有企业而形成的一种战略联盟。

非股权战略联盟，指两家或两家以上的企业出于市场预期和企业自身经营目标、风险及资源等考虑，通过各种协议、契约而形成的非股权参与、优势相长、共担风险、生产要素水平式双向或者多向流动的合作组织模式。这种合作组织模式比较松散。

企业建立战略联盟具有四个战略优势，即扩大企业规模、形成综合优势、克服行业壁垒、更好地处理专业化和多样化的生产关系。

具体来说，企业建立战略联盟大致需要以下步骤来完成。

◆ 分析战略，做好决策

在决定建立联盟之前，企业一定要做好战略分析，首先要分析盟友之间是否能实现资源的互补或者具有相似性；其次，企业要预估出建立联盟所需的时间，从而对企业内部规划做好时间上的安排。

做好决策，会让更多有着相同意愿的企业了解自己，并能达成建立联盟的共识。

◆ 寻找合适的盟友

企业要建立联盟，首先必须找到真正合适的盟友。联盟中的盟友是否合适，首先要看他们彼此之间是否信任；其次，应该看各自是否有引以为傲的优势和亮点；再次，盟友之间是否能够实现贡献互补；最后，盟友之间是否具有相同的价值观与信念。

◆ 明确联盟关系

一旦确定了要建立联盟企业，接下来就要为联盟关系做一系列的安排。事先设计好联盟关系可以方便后续的合作，减少不必要的矛盾。联盟关系的确定要考虑以下三个方面。

确定联盟关系的要点

◆ 认真执行与管理联盟企业

确定好联盟关系之后，就要开始正式执行和管理联盟的各个企业了。首先，各企业要实现信息共享、举措协调。其次，企业的联盟要得到各企

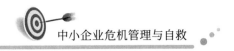

业高层的强力支持。再次，企业之间应该互相学习。接着，各企业要积极采取行动，力争尽快达成目标，赢得对方信任。最后，对先前的举措进行评估，了解联盟是否朝着正确的方向前行。

◆ 终止联盟

终止联盟是早晚的事儿，所以在建立联盟初期就要做好相关准备，以免造成不必要的损失。需要指出的是，终止联盟关系着每一个盟友的利益，所以如果有企业想单方面终止联盟关系，那么就必须得到其他所有盟友的许可。

7.5　创新是企业持续发展的保证

创新，指以现有的思维模式提出不同于常规或常人思路的见解为向导，利用现有的知识和物质，在特定环境中，本着理想化需要或为了满足社会的需求而改进或创造新的事物、方法、路径、环境、元素，且能获得一定成果的行为。

7.5.1　创新对企业发展的重要性

一个民族要获得进步需要创新，一个国家要兴旺发达需要创新，一个人要在工作乃至事业上永葆生机与活力也需要创新。同样，对于一个企业而言，创新也扮演着重要角色。创新犹如一个企业生存与发展的灵魂。

创新对企业生存与发展的重要性具体体现在以下几个方面。

思想创新：明确企业发展方向，增强员工凝聚力，发挥创造性。

技术创新：提高产品生产率，降低生产的成本，增强市场竞争力。

产品创新：使产品具有人性化与实效性的特点，赢得大众的青睐。

体制创新：实现有序管理，并有效避免旧体制带来的诸多问题。

营销创新：提高抵御市场风险的能力，促进企业的可持续发展。

7.5.2 营销创新——让企业长盛不衰

当市场发展到一定程度时，资本的集中程度也就会越来越高，从而让彼此的竞争变得越来越激烈。然而，如今因为资本集中而造成的产品技术竞争的差异化正逐渐缩小，所以要提高竞争力就必须从其他角度着手。于是，竞争者们发现，营销创新可以增强企业的核心竞争力，所以都试图抓住营销创新这棵"救命稻草"。

企业要开展营销创新，需要遵循一定的原则。

企业营销创新的原则

在营销过程中，对产品的包装固然重要，但相对来说，让产品满足消费者的要求更重要。企业要确保所推出的产品是真正优秀的，这样才能让它们在消费者心中保持持久的吸引力。

企业营销创新取之不竭的源泉就是渠道。许多企业都是通过渠道的变革来达到营销创新的目的的，而且取得了巨大成功。

许多企业表面上在营销创新上做得有声有色，实际上没有几个能坚持下来。一旦企业营销掌管者更换了，企业就会重新找别的营销思路，最终让企业损失巨大。如果企业能将营销创新作为一种战略来使用，就能有效地避免这种尴尬的局面，也就不会频繁地更换思路。

企业的服务是永远无法被复制的，所以企业可以在如何提供优质的服务上找门道，下功夫。服务好了，消费者对企业的认可度就会有所提升。

危 机 预 警

不要让创新成为风险的根源

当企业要想通过创新来预防或缓解危机时，需要注意不要让创新成为风险产生的根源。因为风险很容易演变成企业创新的拦路虎，让企业创新以失败告终，甚至让企业的一切投入都付诸东流。

在企业创新中，需要避免以下风险。

技术风险：很容易出现技术预料不足、相关实验基地与设备缺乏以及技术与环节的不配套等问题。

生产风险：企业在产品创新的过程中，需要注意推出的新产品能否大批量、大规模地生产复制，原材料来源是否有保障，生产是否存在周期上的影响因素等。

管理风险：企业创新过程中，是否存在组织内部的不协调，是否有各部门之间不配合，是否有领导决策与意见不统一，团队人员是否有擅自离开而引发生产、产品质量得不到保障等风险。

对于这些潜在的风险，企业应该做好督导和预防工作，尽可能降低因这些问题而给企业带来的巨大风险。

7.6 用科技武装自己

案例引导

　　A超市每天人流量非常大，所以收银工作始终都是很艰巨的一项工作。特别是赶上周末或者一些重要的节假日，超市收银台排队的人数极多。一些收银员因为扛不住工作压力而选择离职，许多顾客也因为不想花费更多排队等待的时间而放弃购物。

　　A超市的领导及时发现问题，并认真分析，结合超市的情况很快找到了解决办法。A超市决定为超市引进一批高科技设备，即自主结账台，将这些设备安装在超市收银台附近。很快，10台自助扫描结账的机器被安放在了特定区域，而且得到了有效的使用。

　　顾客可以根据需要自主选择由人工结账还是用机器自助结账。很快，A超市的人员工作压力问题、顾客购物体验差的问题、客源流失隐患得到了很好的解决。

　　科技的本质是发现或者发明事物之间的联系，各种物质通过这种联系

组成特定的系统来实现特定的功能。

上述案例中，科技产品的及时引入对 A 超市扭转危机带来了很大帮助。A 超市要想做大、做强，就要与时俱进，更新思想，积极运用科技。

7.6.1　科技对企业发展的意义

科技是第一生产力，是推动人类文明进步的革命力量。同样，对于企业的发展，科技也扮演着重要角色。

其一，科技可以促进企业内部人员的全面发展。因为科学发展观的根本宗旨是以人为本，而以人为本的核心是促进人的全面发展，所以企业应该重视科技的作用。

其二，科技可以提高企业的生产率，增强企业的竞争力。

其三，科技可以提高企业效益。科技是企业经济增长的动力，也是其长期增长的重要保证。

其四，科技可以促进企业营销，让企业有更多的营销渠道。

科技时代，企业应该积极引进科技人才和科技设备，让企业在竞争中更具有优势。无论是生产还是销售，重视科技引入、科技创新，都能成为一个企业武装自己、壮大自己的重要武器。不重视科技，企业早晚会被市场淘汰。

7.6.2　科技环境对企业营销的影响

企业营销在企业运行中占据重要地位，所以这里重点说一说对于企业营销而言，科技环境会产生哪些影响。

其一，科技的引入，可以使企业的营销渠道发生变革，一方面可以拉近营销距离，另一方面可以不断拓展与延伸营销空间。比如，某手机店为了吸引顾客，特意在门口安放了一个类似于游戏机的机器。顾客按"开始"按钮，屏幕上的时间会以秒为单位倒计时，如果按"停止"按钮时，时间恰巧卡在"60"秒上，即可进店领取一份礼品。

其二，高科技的产品强调服务的知识性和全面性，这就让企业形成了竞争中极其重要的优势。比如，一些饭店会提供自助点餐的服务，让客人可以通过手机看到菜品的样子和价格，自助选择要点的餐。

其三，科技的应用，对企业的营销管理组织和队伍提出了更高要求，即需要进一步改造和加强。比如，线上课程的营销人员除了要找到客户，还要想办法让顾客相信自己，这样顾客才会购买课程。

总之，在当今时代，科技环境不仅为企业营销带来了机遇，还增加了许多挑战。不论是企业管理者还是营销者，都应该不断学习，提升自己的能力。

参 考 文 献

[1]   陈春花.危机自救：企业逆境生存之道 [M].北京：机械工业出版社，
      2020.

[2]   向荣，岑杰.企业危机管理 [M].北京：电子工业出版社，2016.

[3]   周锡冰.互联网＋时代的企业危机管理 [M].北京：中国人民大学出
      版社，2017.

[4]   夏平.企业危机生命周期各阶段的应对策略 [J] 中国集体经济，
      2010(10)：40-41.

[5]   蒲红果.如何应对舆情危机：新媒体时代的企业生存之道 [M].北京：
      新华出版社，2015.

[6]   周永生.现代企业危机管理 [M].上海：复旦大学出版社，2007.

[7]   陈育辉，陆立业.危机管理：考验企业生存哲学 [J].现代家电，
      2004(19)：46-48.

[8]   林铧.试论企业危机处理的主要目标和基本原则 [J].当代经理人，
      2006(21)：261-262.

[9]   弋佳.当代企业危机处理的有关原则 [J].中国集体经济，2009(12)：
      75-76.

[10]   周燕玲.企业危机处理策略研究 [J].广西电业，2009(2)：51-53.

[11] 梁莺.基于公众危机心理反应机制的企业危机处理程序构建 [J].商业时代，2011(25)：85-87.

[12] 孔令学，张文亮，王静.破解融资困局：中小企业融资理论与实务研究 [M].北京：中国市场出版社，2016.

[13] 王婷.中小企业融资问题探讨 [J].企业经济，2007(2)：95-96.

[14] 许仕君.产品质量危机管理研究 [D].北京交通大学，2009.

[15] 王立平.管理学原理 [M].北京：中国人民大学出版社，2003.

[16] 张新霞.新管理理论丛林 [M].沈阳：辽宁人民出版社，2001.

[17] 陈佳贵.企业管理学大词典 [M].北京：北京大学出版社，2016.

[18] [美] 彼得·圣吉（Peter M. Senge ）著.第五项修炼 [M].张成林，译.北京：中信出版社，2018.

[19] 张丽莲.浅谈企业危机处理中的沟通技巧 [J].现代商业，2009(15)：114-115.

[20] 王兴元，李建伟.论名牌危机及其管理控制 [J].科学学与科学技术管理，2002(5)：69-72.

[21] 洪鸿.管理的 100 条硬道理 [M].北京：中国城市出版社，2015.

[22] 王福胜.诚信经营铸就优秀企业 [J].新长征，2014(5)：45-46.

[23] 朱雪中.知识产权管理 [M].北京：高等教育出版社，2010.

[24] 梁丹.我国企业应对知识产权危机的思考 [J].企业活力.2008(1)：11-13.

[25] 田宝忠.企业应对网络舆论工作初探 [J].中国煤炭工业，2012(2)：63.

[26] 刘用卿，段开军.公共关系学 [M].重庆：重庆大学出版社，2013.

[27] 刘惠.企业危机处理之道 [J].沿海经济，2019(12)：163.

[28] 刘丹，吕伟.企业危机公关策略 [M].成都：电子科技大学出版社，2017.

[29] 张子俨，杨哲．企业管理基础与社会责任感探究 [M].北京：中国商务出版社，2016.

[30] 刘帅，冉净斐，高维．现代企业经营的多方位管理探究 [M].北京：中国商业出版社，2016.

[31] 李令德．企业战略管理 [M].上海：华东理工大学出版社，2002.

[32] 创新的重要性 [EB/OL].https://wenda.so.com/q/1359975997064888?src=140&q=%E5%88%9B%E6%96%B0%E7%9A%84%E9%87%8D%E8%A6%81%E6%80%A7，2013-02-04.

[33] 创新对企业的重要性 [EB/OL]. https://www.ruiwen.com/zuowen/chuangxin/248410.html，2020-10-22.